古代歷史文化研究輯刊

三二編

王明蓀 主編

第 3 冊

成都平原商周時期墓葬研究（下）

田劍波 著

國家圖書館出版品預行編目資料

成都平原商周時期墓葬研究（下）／田劍波 著 -- 初版 -- 新
北市：花木蘭文化事業有限公司，2024〔民113〕
目 12+180 面；19×26 公分
（古代歷史文化研究輯刊 三二編；第 3 冊）
ISBN 978-626-344-866-7（精裝）
1.CST：墳墓 2.CST：喪葬習俗 3.CST：文化研究
4.CST：上古史 5.CST：中國
618   113009404

ISBN-978-626-344-866-7

古代歷史文化研究輯刊
三二編 第 三 冊   ISBN：978-626-344-866-7

成都平原商周時期墓葬研究（下）

作　　者　田劍波
主　　編　王明蓀
總 編 輯　杜潔祥
副總編輯　楊嘉樂
編輯主任　許郁翎
編　　輯　潘玟靜、蔡正宣　美術編輯　陳逸婷
出　　版　花木蘭文化事業有限公司
發 行 人　高小娟
聯絡地址　235 新北市中和區中安街七二號十三樓
　　　　　電話：02-2923-1455／傳真：02-2923-1452
網　　址　http://www.huamulan.tw 信箱 service@huamulans.com
印　　刷　普羅文化出版廣告事業
初　　版　2024 年 9 月
定　　價　三二編 28 冊（精裝）新台幣 84,000 元　　版權所有・請勿翻印

成都平原商周時期墓葬研究(下)

田劍波　著

目

次

上 冊

緒 論…………………………………………… 1

　一、選題價值與時空範圍 ………………… 1

　二、墓葬材料的發現與研究回顧 ………… 3

　三、研究思路 ……………………………… 25

第一章　墓葬材料的發現、分布與特徵 ……… 27

　第一節　墓葬材料的發現與分布 ……………… 27

　　一、金沙遺址群 …………………………… 27

　　二、金沙遺址群以外的成都市區 ………… 29

　　三、成都平原北部區域 …………………… 34

　　四、成都平原西南區域 …………………… 37

　第二節　墓葬材料的特徵、分級及使用策略 …… 37

　　一、墓葬材料的特徵 ……………………… 37

　　二、墓葬材料的分級 ……………………… 38

　　三、墓葬材料的使用策略 ………………… 39

第二章　類型學分析 ………………………… 41

　第一節　葬具的類型 ………………………… 41

　第二節　隨葬器物的類型 …………………… 42

一、銅器 ……………………………………………… 43

二、陶器 ……………………………………………… 68

第三章　分期與年代 ……………………………………… 89

第一節　分組與分期 ……………………………………… 89

一、以隨葬陶器為主的墓葬 ………………………… 90

二、以隨葬銅器為主的墓葬 ………………………… 90

三、陶器和銅器共出的墓葬 ………………………… 90

四、三類墓葬之間的橫向對應關係 ………………… 91

五、各組的年代序列 ………………………………… 92

六、分期與分段 ……………………………………… 93

第二節　各期墓葬特徵 …………………………………… 99

第三節　各期墓葬年代 …………………………………… 130

第四章　葬具與面積、長寬比的關係 ………………… 139

第一節　墓葬面積與長寬比 …………………………… 139

一、墓葬面積 ………………………………………… 139

二、墓葬長寬比 ……………………………………… 140

三、面積與長寬比的關係 …………………………… 140

第二節　葬具與面積、長寬比的關係 ………………… 146

一、船棺墓 …………………………………………… 146

二、木棺墓 …………………………………………… 149

三、木板墓 …………………………………………… 151

四、無葬具墓 ………………………………………… 152

第三節　船棺墓的發展線索 …………………………… 157

第四節　小結 …………………………………………… 159

第五章　文化因素分析及其所反映的器物生產與
　　　　流通 …………………………………………… 161

第一節　隨葬器物的文化因素分析 …………………… 161

一、外來文化因素的辨析 …………………………… 161

二、文化因素的構成 ………………………………… 194

三、文化因素的歷時性變化 ………………………… 195

第二節　器物的生產和流通 …………………………… 199

一、第一期 …………………………………………… 199

二、第二期 …………………………………………… 200

　　　　三、第三期 ·· 221

　　第三節　小結 ·· 224

　　　　一、陶器 ·· 224

　　　　二、本地風格銅器 ······································ 225

　　　　三、外來風格銅器 ······································ 225

下　冊

第六章　墓葬等級 ·· 229

　　第一節　等級劃分 ··· 229

　　　　一、第一期 ·· 230

　　　　二、第二、三期 ··· 231

　　第二節　巴蜀符號與墓葬等級的關聯 ············· 234

　　　　一、成都商業街墓地 ································· 234

　　　　二、新都馬家 M1 ····································· 236

　　　　三、什邡城關墓地 ···································· 241

　　第三節　小結 ··· 246

第七章　喪葬習俗與觀念 ···································· 247

　　第一節　墓向 ··· 247

　　第二節　葬式 ··· 249

　　　　一、單人葬 ·· 249

　　　　二、合葬 ·· 253

　　第三節　隨葬器物的位置 ································· 257

　　　　一、器物位置的歷時性變化 ··················· 257

　　　　二、高等級墓葬的器物布局 ··················· 266

　　　　三、器物的位置關係及其性質 ················ 270

　　第四節　特殊葬俗 ··· 276

　　　　一、隨葬玉石條 ··· 276

　　　　二、隨葬磨石 ··· 278

　　　　三、隨葬朱砂 ··· 280

　　　　四、隨葬動物骨骼 ···································· 282

　　　　五、腰坑 ·· 283

　　　　六、五類葬俗的關聯 ································· 285

　　第五節　喪葬觀念 ··· 285

一、器用制度的嘗試 ……………………………………285

二、隨葬器物的復古 ……………………………………294

第六節　小結……………………………………………299

第八章　墓葬空間分析 ………………………………………303

第一節　墓地內部空間與形成過程 ……………………303

一、成都金沙春雨花間 …………………………………303

二、成都金沙陽光地帶 …………………………………304

三、成都金沙國際花園 …………………………………307

四、成都金沙黃河 ………………………………………309

五、成都金沙星河路 ……………………………………310

六、成都金沙人防 ………………………………………312

七、成都商業街 …………………………………………312

八、什邡城關 ……………………………………………314

九、成都龍泉驛北幹道 …………………………………316

一〇、郫縣風情園 ………………………………………317

一一、郫縣花園別墅 ……………………………………318

一二、小結 ………………………………………………319

第二節　墓地分布的變化 ………………………………320

第三節　小結 ……………………………………………332

第九章　餘　論 ………………………………………………335

第一節　墓葬發展階段與社會結構及性質的變化

………………………………………………………335

一、第一期 ………………………………………………335

二、第二、三期 …………………………………………337

三、社會結構及性質變化的原因 ………………………339

四、社會結構及性質變化的結果 ………………………340

第二節　從墓地分布看聚落中心的變化 ………………341

第三節　墓葬發展階段與考古學文化的關係 …………344

第四節　墓葬發展階段與傳世文獻的關係 ……………346

第五節　小結 ……………………………………………352

結　論 …………………………………………………………355

參考文獻 ………………………………………………………359

附錄　成都平原商周墓葬登記表………………………………377

圖目次

圖 0-1　本文涉及的地理範圍 ·················· 2

圖 2-1　葬具的類型 ····························· 42

圖 2-2　銅鼎 ································· 44

圖 2-3　銅甗 ································· 45

圖 2-4　銅敦 ································· 46

圖 2-5　銅壺 ································· 47

圖 2-6　銅尊缶 ······························· 48

圖 2-7　銅盤 ································· 48

圖 2-8　銅匜 ································· 49

圖 2-9　銅豆 ································· 50

圖 2-10　銅釜 ································ 50

圖 2-11　銅釜甑 ······························ 51

圖 2-12　銅鍪 ································ 53

圖 2-13　銅尖底盒 ·························· 54

圖 2-14　甲類銅戈 ·························· 56

圖 2-15　乙類銅戈 ·························· 57

圖 2-16　銅矛 ································ 61

圖 2-17　銅劍 ································ 63

圖 2-18　銅劍鞘 ······························ 64

圖 2-19　銅鉞 ································ 65

圖 2-20　銅斧 ································ 66

圖 2-21　銅鏃 ································ 67

圖 2-22　銅印章 ······························ 68

圖 2-23　陶尖底盞 ·························· 70

圖 2-24　陶尖底杯 ·························· 71

圖 2-25　陶尖底罐 ·························· 72

圖 2-26　陶矮領罐 ·························· 72

圖 2-27　陶壺 ································ 73

圖 2-28　陶高領敞口罐 ···················· 74

圖 2-29　陶甕 ································ 76

圖 2-30　陶缽 ································ 77

圖 2-31　陶盆 ································ 78

圖 2-32　陶高領圜底罐 ⋯⋯⋯⋯⋯⋯⋯⋯⋯⋯⋯79

圖 2-33　陶釜 ⋯⋯⋯⋯⋯⋯⋯⋯⋯⋯⋯⋯⋯⋯81

圖 2-34　陶釜甑 ⋯⋯⋯⋯⋯⋯⋯⋯⋯⋯⋯⋯⋯82

圖 2-35　陶鼎 ⋯⋯⋯⋯⋯⋯⋯⋯⋯⋯⋯⋯⋯⋯83

圖 2-36　陶豆 ⋯⋯⋯⋯⋯⋯⋯⋯⋯⋯⋯⋯⋯⋯85

圖 2-37　仿銅陶盞 ⋯⋯⋯⋯⋯⋯⋯⋯⋯⋯⋯⋯86

圖 2-38　仿銅陶尊缶 ⋯⋯⋯⋯⋯⋯⋯⋯⋯⋯⋯87

圖 2-39　仿銅陶浴缶 ⋯⋯⋯⋯⋯⋯⋯⋯⋯⋯⋯88

圖 2-40　仿銅陶豆 ⋯⋯⋯⋯⋯⋯⋯⋯⋯⋯⋯⋯88

圖 3-1　新都水觀音 M1 ⋯⋯⋯⋯⋯⋯⋯⋯⋯⋯99

圖 3-2　金沙蘭苑 M33 ⋯⋯⋯⋯⋯⋯⋯⋯⋯⋯100

圖 3-3　金沙蘭苑 M61 ⋯⋯⋯⋯⋯⋯⋯⋯⋯⋯101

圖 3-4　郫縣宋家河壩 M1 ⋯⋯⋯⋯⋯⋯⋯⋯102

圖 3-5　新都同盟村 M7 ⋯⋯⋯⋯⋯⋯⋯⋯⋯103

圖 3-6　金沙陽光地帶 M372 ⋯⋯⋯⋯⋯⋯⋯104

圖 3-7　金沙國際花園 M849 ⋯⋯⋯⋯⋯⋯⋯105

圖 3-8　金沙國際花園 M928 ⋯⋯⋯⋯⋯⋯⋯106

圖 3-9　金沙國際花園 M943 ⋯⋯⋯⋯⋯⋯⋯107

圖 3-10　金沙黃河 M577 ⋯⋯⋯⋯⋯⋯⋯⋯⋯108

圖 3-11　成都棗子巷 M1 ⋯⋯⋯⋯⋯⋯⋯⋯⋯108

圖 3-12　金沙黃河 M350 ⋯⋯⋯⋯⋯⋯⋯⋯⋯109

圖 3-13　金沙星河路 M2725 ⋯⋯⋯⋯⋯⋯⋯110

圖 3-14　成都百花潭 M10 ⋯⋯⋯⋯⋯⋯⋯⋯112

圖 3-15　綿竹清道 M1（一）⋯⋯⋯⋯⋯⋯⋯113

圖 3-16　綿竹清道 M1（二）⋯⋯⋯⋯⋯⋯⋯114

圖 3-17　成都文廟西街 M1 ⋯⋯⋯⋯⋯⋯⋯⋯115

圖 3-18　青白江雙元村 M154（一）⋯⋯⋯⋯116

圖 3-19　青白江雙元村 M154（二）⋯⋯⋯⋯117

圖 3-20　新都馬家 M1（一）⋯⋯⋯⋯⋯⋯⋯119

圖 3-21　新都馬家 M1（二）⋯⋯⋯⋯⋯⋯⋯120

圖 3-22　新都馬家 M1（三）⋯⋯⋯⋯⋯⋯⋯121

圖 3-23　成都文廟西街 M2 ⋯⋯⋯⋯⋯⋯⋯⋯122

圖 3-24　什邡城關 M10 ⋯⋯⋯⋯⋯⋯⋯⋯⋯123

圖 3-25　成都羊子山 M172（一）……………………125

圖 3-26　成都羊子山 M172（二）……………………126

圖 3-27　蒲江飛龍村 06M1…………………………127

圖 3-28　新都清鎮村 M1 ……………………………129

圖 3-29　第一段器物與中原地區的對比 ……………132

圖 3-30　第三段陶器與金沙遺址祭祀區 L28 陶器
　　　　對比 ……………………………………134

圖 3-31　第五段仿銅陶器與楚地銅器的對比 ………135

圖 4-1　面積與長寬比的關係 ………………………141

圖 4-2　第一期第二段面積與長寬比的關係 ………141

圖 4-3　第一期第三段面積與長寬比的關係 ………142

圖 4-4　第一期第四段面積與長寬比的關係 ………142

圖 4-5　第二期第五段面積與長寬比的關係 ………143

圖 4-6　第二期第六段面積與長寬比的關係 ………143

圖 4-7　第二期第八段面積與長寬比的關係 ………144

圖 4-8　第二期第八段面積與長寬比的關係 ………145

圖 4-9　第三期第九段面積與長寬比的關係 ………145

圖 4-10　第三期第十段面積與長寬比的關係 ………146

圖 4-11　船棺墓面積與長寬比的關係 ………………147

圖 4-12　第二期第五段船棺墓面積與長寬比的
　　　　關係 ……………………………………147

圖 4-13　第二期第七段船棺墓面積與長寬比的
　　　　關係 ……………………………………148

圖 4-14　第二期第八段船棺墓面積與長寬比的
　　　　關係 ……………………………………148

圖 4-15　第三期第九段船棺墓面積與長寬比的
　　　　關係 ……………………………………149

圖 4-16　木棺墓面積與長寬比的關係 ………………150

圖 4-17　第三期第九段木棺墓面積與長寬比的
　　　　關係 ……………………………………151

圖 4-18　第三期第十段木棺墓面積與長寬比的
　　　　關係 ……………………………………151

圖 4-19　木板墓面積與長寬比的關係 ………………152

圖 4-20　無葬具墓面積與長寬比的關係 ············ 153

圖 4-21　第一期第二段無葬具墓面積與長寬比的
　　　　　關係 ··· 154

圖 4-22　第一期第三段無葬具墓面積與長寬比的
　　　　　關係 ··· 154

圖 4-23　第二期第七段無葬具墓面積與長寬比的
　　　　　關係 ··· 155

圖 4-24　第二期第八段無葬具墓面積與長寬比的
　　　　　關係 ··· 155

圖 4-25　第三期第九段無葬具墓面積與長寬比的
　　　　　關係 ··· 156

圖 4-26　各類葬具發展階段示意 ················· 158

圖 5-1　新都水觀音與中原地區銅戈的對比 ········ 162

圖 5-2　成都百花潭 M10 銅壺與相關銅壺的對
　　　　比 ·· 164

圖 5-3　成都白果林小區 M4 銅壺與相關銅壺的
　　　　對比 ·· 165

圖 5-4　綿竹清道 M1 銅方壺與相關銅器的對比 ·167

圖 5-5　綿竹清道 M1 銅提鏈壺與相關銅壺的對
　　　　比 ·· 168

圖 5-6　成都青羊宮 M1 銅壺與相關銅壺的對比 ·169

圖 5-7　成都文廟西街 M1 銅壺與渾源銅壺的對
　　　　比 ·· 171

圖 5-8　中原地區銅壺的十字帶狀紋 ············· 171

圖 5-9　青白江雙元村 M154 銅匜與相關銅匜的
　　　　對比 ·· 173

圖 5-10　成都平原銅蓋豆與其他銅蓋豆的對比 ···· 174

圖 5-11　成都平原銅鏡與相關銅鏡的對比 ········ 175

圖 5-12　成都平原銅鼎與楚地銅鼎的對比 ········ 177

圖 5-13　成都平原銅甗與楚地銅甗的對比 ········ 179

圖 5-14　成都平原銅敦與楚地銅敦的對比 ········ 180

圖 5-15　成都平原銅壺與楚地銅壺的對比 ········ 181

圖 5-16　成都文廟西街 M1 銅簠與下寺銅簠的對
　　　　比 ·· 181

圖 5-17　成都平原銅盤與其他銅盤的對比 …………182

圖 5-18　成都平原銅尊缶與楚地銅尊缶的對比……184

圖 5-19　馬家 M1 銅浴缶與楚地銅浴缶的對比……185

圖 5-20　馬家 M1 銅鑒與徐家嶺銅鑒的對比………185

圖 5-21　成都平原銅鼎與長江中下游銅鼎的對比
　　　　………………………………………………187

圖 5-22　文廟西街 M1 銅敦與相關銅敦的對比……188

圖 5-23　成都石人小區銅矛與相關銅矛的對比……188

圖 5-24　成都羊子山 M172 銅器與中原銅器的對
　　　　比………………………………………………189

圖 5-25　成都羊子山 M172 銅器與楚地銅器的對
　　　　比………………………………………………191

圖 5-26　成都平原與相關地區陶器的對比 …………193

圖 5-27　廣漢二龍崗 M37 陶器與王坡 M17 陶器
　　　　的對比………………………………………194

圖 5-28　成都文廟西街 M2 陶尖底盞 ………………201

圖 5-29　成都商業街 G11 陶甕 ………………………201

圖 5-30　什邡城關 M25 隨葬銅器 …………………204

圖 5-31　什邡城關 M90-1 隨葬銅器 ………………205

圖 5-32　成都京川飯店 M1 隨葬銅器 ………………206

圖 5-33　成都青羊宮 M1 銅戈 ………………………206

圖 5-34　新都馬家 M1 部分銅器 ……………………208

圖 5-35　新都馬家 M1 五件銅斧 ……………………209

圖 5-36　金沙國際花園 M943 銅器 …………………210

圖 5-37　金沙星河路 M2722 銅兵器 ………………211

圖 5-38　成都棗子巷 M1 銅兵器 ……………………211

圖 5-39　青白江雙元村 M154 與成都商業街
　　　　G2 漆器對比 …………………………………214

圖 5-40　宣漢羅家壩 M33 出土部分銅器…………219

圖 5-41　第二期外來銅器的輸入路徑 ………………220

圖 5-42　新都清鎮村 M1 陶豆 ………………………221

圖 5-43　蒲江飛龍村 06M1 陶釜 ……………………221

圖 5-44　大邑五龍 M2 銅兵器 ………………………223

圖 7-1　墓葬方向的階段性變化⋯⋯⋯⋯⋯⋯⋯⋯249

圖 7-2　單人一次葬墓葬舉例⋯⋯⋯⋯⋯⋯⋯⋯251

圖 7-3　單人二次葬墓葬舉例⋯⋯⋯⋯⋯⋯⋯⋯252

圖 7-4　合葬墓舉例⋯⋯⋯⋯⋯⋯⋯⋯⋯⋯⋯⋯254

圖 7-5　金沙陽光地帶疊葬墓⋯⋯⋯⋯⋯⋯⋯⋯256

圖 7-6　金沙蘭苑 M33 隨葬器物位置示意圖⋯⋯257

圖 7-7　新都水觀音 M1 隨葬器物位置示意圖⋯257

圖 7-8　郫縣宋家河壩 M2 隨葬器物位置示意圖·258

圖 7-9　金沙陽光地帶第二段墓葬隨葬器物位置
　　　　舉例⋯⋯⋯⋯⋯⋯⋯⋯⋯⋯⋯⋯⋯⋯⋯260

圖 7-10　金沙陽光地帶第三段墓葬隨葬器物位置
　　　　舉例⋯⋯⋯⋯⋯⋯⋯⋯⋯⋯⋯⋯⋯⋯261

圖 7-11　金沙陽光地帶第四段墓葬隨葬器物位置
　　　　舉例⋯⋯⋯⋯⋯⋯⋯⋯⋯⋯⋯⋯⋯⋯262

圖 7-12　成都青羊宮 M1 隨葬器物位置示意圖⋯262

圖 7-13　什邡城關墓地墓葬隨葬器物位置舉例⋯264

圖 7-14　成都海濱村 M3 隨葬器物位置示意圖⋯265

圖 7-15　新都清鎮村 M1 隨葬品位置示意圖⋯⋯265

圖 7-16　青白江雙元村 M154 隨葬器物位置示意
　　　　圖⋯⋯⋯⋯⋯⋯⋯⋯⋯⋯⋯⋯⋯⋯⋯⋯267

圖 7-17　成都商業街船棺墓地隨葬器物位置示意
　　　　圖⋯⋯⋯⋯⋯⋯⋯⋯⋯⋯⋯⋯⋯⋯⋯⋯268

圖 7-18　新都馬家 M1 腰坑內銅器的分布⋯⋯⋯269

圖 7-19　成都羊子山 M172 隨葬器物位置示意圖·270

圖 7-20　不同類型器物在墓葬中的位置示意圖⋯272

圖 7-21　銅鉞在墓葬中的位置示意圖⋯⋯⋯⋯⋯274

圖 7-22　彭州龍泉村 M4 中銅鉞的位置示意圖⋯275

圖 7-23　隨葬玉石條墓葬舉例⋯⋯⋯⋯⋯⋯⋯⋯276

圖 7-24　金沙陽光地帶 M394 隨葬磨石情況⋯⋯279

圖 7-25　隨葬朱砂墓葬舉例⋯⋯⋯⋯⋯⋯⋯⋯⋯281

圖 7-26　隨葬動物骨骼墓葬舉例⋯⋯⋯⋯⋯⋯⋯283

圖 7-27　青白江雙元村 M154 和新都馬家 M1 的
　　　　腰坑⋯⋯⋯⋯⋯⋯⋯⋯⋯⋯⋯⋯⋯⋯⋯284

圖 7-28　新都馬家 M1 兩件銅豆 ……………………288

圖 7-29　新都馬家 M1 五件銅鼎 ……………………288

圖 7-30　新都馬家 M1 銅工具 ………………………289

圖 7-31　成都平原本土與外來器用方式的對比……291

圖 7-32　成都商業街墓地 G2 出土陶器和漆器……293

圖 7-33　成都平原銅罍與相關銅罍的對比 ………295

圖 7-34　成都平原三角援銅戈 ………………………296

圖 8-1　金沙春雨花間墓地墓葬的分布 ……………304

圖 8-2　金沙陽光地帶墓地墓葬的分布 ……………306

圖 8-3　金沙國際花園墓地墓葬的分布 ……………308

圖 8-4　金沙黃河墓地墓葬的分布 …………………310

圖 8-5　金沙星河路墓地墓葬的分布 ………………311

圖 8-6　金沙人防墓地墓葬的分布 …………………311

圖 8-7　成都商業街墓地墓葬的分布 ………………313

圖 8-8　成都商業街墓地的形成過程及親疏關係
　　　　示意 …………………………………………313

圖 8-9　什邡城關墓地墓葬的分布……………………315

圖 8-10　龍泉驛北幹道墓地墓葬的分布 ……………317

圖 8-11　郫縣風情園墓地墓葬的分布 ………………318

圖 8-12　郫縣花園別墅墓地墓葬的分布 ……………319

圖 8-13　成都平原商周墓地的分布 …………………321

圖 8-14　第一段墓地的分布 …………………………322

圖 8-15　第二段墓地的分布 …………………………323

圖 8-16　第三段墓地的分布 …………………………324

圖 8-17　第四段墓地的分布 …………………………325

圖 8-18　第五段墓地的分布 …………………………326

圖 8-19　第六段墓地的分布 …………………………327

圖 8-20　第七段墓地的分布 …………………………328

圖 8-21　第八段墓地的分布 …………………………329

圖 8-22　第九段墓地的分布 …………………………330

圖 8-23　第十段墓地的分布 …………………………331

圖 9-1　第二、三期社會結構的變化 ………………339

圖9-2 商至西周時期成都平原主要高等級聚落
………………………………………………342
圖9-3 東周時期成都平原主要高等級墓地 ……344
圖9-4 聚落中心的變化與社會階段的關係 ……344

表目次

表0-1 墓葬分期觀點對比 ……………………… 11
表0-2 嚴志斌等對部分巴蜀符號的分析 ………… 22
表1-1 成都青羊小區墓地各墓葬隨葬器物 ……… 31
表1-2 墓葬材料分級簡表 ………………………… 38
表3-1 各類墓葬分組對應表 ……………………… 92
表3-2 典型墓葬的器物組合與分組 ……………… 95
表3-3 各期、段墓葬的特徵 …………………… 130
表3-4 墓葬各期、段的年代 …………………… 137
表5-1 各期、段文化因素的構成 ……………… 198
表5-2 隨葬器物的生產與流通方式 …………… 226
表6-1 第一期各段的墓葬等級對應關係 ……… 231
表6-2 第一至四段的墓葬等級 ………………… 231
表6-3 第二、三期各段的墓葬等級對應關係…… 233
表6-4 第二、三期的墓葬等級 ………………… 234
表6-5 成都商業街墓地符號統計表 …………… 235
表6-6 新都馬家 M1 符號統計表 ……………… 237
表6-7 什邡城關墓地符號統計表 ……………… 242
表7-1 金沙陽光地帶墓地主要墓葬器物放置
情況………………………………………258
表7-2 什邡城關墓地主要墓葬器物放置情況……263
表7-3 部分隨葬銅鉞墓葬統計表 ……………… 273
表7-4 部分隨葬玉石條墓葬統計表 …………… 277
表7-5 部分隨葬磨石墓葬統計表 ……………… 278
表7-6 部分隨葬朱砂墓葬統計表 ……………… 281
表7-7 部分隨葬動物骨骼墓葬統計表 ………… 283
表7-8 成都平原隨葬外來風格銅器的主要墓葬
中的銅器組合 …………………………287
表7-9 部分墓葬出土銅罍情況…………………295

第六章　墓葬等級

本章擬對成都平原商周墓葬的等級進行劃分，並分析不同等級墓葬中巴蜀符號的區別。

第一節　等級劃分

墓葬等級在某種程度上代表著墓主人的社會地位，因此一直是考古研究的重要對象。墓葬等級在不同時期的表現方式並非完全相同，通常來說，墓葬面積的大小、棺槨制度、隨葬器物的多寡、器用制度等都有體現。向明文先生對東周秦漢時期巴蜀墓葬的等級進行過分析，他將巴蜀墓葬分為三大等級，每個等級內再細分兩個小的等級〔註1〕。但對成都平原春秋以前的墓葬，墓葬等級的分析和研究不多。如前所述，商至西周時期的墓葬，在若干方面均與春秋中晚期以後的墓葬存在較大的區別。社會等級的表現方式也不盡相同。

如前所述，成都平原第一期大多數墓葬的面積和隨葬器物的數量差異不大，這與第二期之後的情況差異明顯，因此，第一期和第二、三期的墓葬等級，需要分開進行討論。各期的等級進行討論之時，首先分別討論各期內部的等級區分，等級劃分的標準應具體問題具體分析。具體而言，第一期主要考慮隨葬器物的數量、種類，其次考慮墓葬的面積大小。第二、三期主要考慮隨葬器物的數量、種類，其次為外來文化因素器物的多少，最後是墓葬面積的大小。

〔註1〕　向明文：《巴蜀古史的考古學觀察——以東周秦漢時期巴蜀文化墓葬為中心》，吉林大學博士學位論文，2017年，第133～154頁。

一、第一期

第一段，墓葬數量較少，資料公布也不夠詳細。新都水觀音及金沙蘭苑的幾座墓葬，隨葬器物均較多。雖然主要是陶器和石器，但不可忽視的是金沙蘭苑 M33 等墓葬出土了玉璋、石鉞等器物，而這些器物在金沙遺址祭祀區的祭祀及禮儀性堆積中大量出土，是金沙遺址高等級器物群的重要組成部分。因此，成都金沙蘭苑這批墓葬等級當不低，尤其是與第二、三段的金沙遺址其他墓葬相比。這批墓葬很可能與金沙遺址祭祀區的人群存在密切聯繫。而新都水觀音墓地應該也有類似器物，而且有外來風格的銅戈隨葬，其擁有者應該是上層人士。因此，上述幾座墓葬等級均較高。

第二段，墓葬數量較多，集中分佈在成都金沙陽光地帶等墓地。該段墓葬面積有大有小，但大部分墓葬面積較小，且絕大部分墓葬隨葬器物較少，僅有 3 座墓隨葬器物超過 10 件。其中新都同盟村 M7 隨葬器物有 61 件，且面積達 8.9 平方米，是本段規格最高的墓葬。新都同盟村 M7 在本段的墓葬中屬於第 1 等級；郫縣宋家河壩 M1 及成都金沙陽光地帶 M148 等墓葬出土了 10 件以上的器物，屬於為第 2 等級；其餘墓葬大多無隨葬品或隨葬品極少，與第 2 等級墓葬差異明顯，為第 3 等級。

第三段，墓葬數量較多，主要集中分佈在成都金沙陽光地帶及國際花園等墓地。該段墓葬的面積均較小，最大不過 3.2 平方米，且為合葬墓。出土器物以陶器為主，有少量石器，隨葬器物數量僅有金沙蜀風花園城 M27 一座超過 10 件，其餘均在 5 件以下。因此，該段所有墓葬等級均較低。

第四段，墓葬數量不多，仍然集中分佈在成都金沙國際花園及陽光地帶等墓地。該階段有 3 座墓葬面積超過 10 平方米，但均為合葬墓。隨葬器物數量方面，僅有一座墓超過 10 件，新都同盟村 M6 出土 20 件器物，主要是小型的銅模型器，其餘的墓葬均未出土銅器，推測該墓等級略高於其他墓葬。新都同盟村 M6 為第 1 等級，其餘為第 2 等級。

上述的第一至四段墓葬面積均不大，面積較大的一般是合葬墓，在墓葬面積方面不能體現出明顯的等級差別。隨葬器物方面，數量均不多，少數在 10 件以上，絕大部分在 10 件以下，且多為陶器和石器，銅器極少見。凡此皆說明第一至第四段的墓葬在等級的表現方式上比較接近，可將各段的等級合併處理。這些墓葬大約可分為三個等級，第一等級包括成都金沙蘭苑 M33、M61，新都水觀音 M1，新都同盟村 M7 等，第二等級包括新都同盟村 M6、

郫縣宋家河壩 M1、成都金沙陽光地帶 M148 等，其餘墓葬為第三等級（表6-1、6-2）。

表 6-1　第一期各段的墓葬等級對應關係

等　級	第一段	第二段	第三段	第四段
一	1	1		
二		2		1
三		3	1	2

表 6-2　第一至四段的墓葬等級

等　級	代表性墓葬
一	金沙蘭苑 M33、M61，新都水觀音 M1，新都同盟村 M7 等
二	新都同盟村 M6，郫縣宋家河壩 M1、M2，金沙陽光地帶 M148 等
三	其餘墓葬

二、第二、三期

　　第二期第五段，墓葬數量不多，主要集中分佈在成都金沙黃河及星河路地點，還有成都棗子巷等墓地。本段墓葬面積差異較大，但墓葬面積較大的均為合葬墓。因此，本段墓葬在面積方面區別不大。等級差異主要還是體現在隨葬器物方面。本段隨葬器物數量超過 10 件的墓葬，種類以銅器為主；而少於 10 件的墓葬，則以陶器為主。可據此將墓葬分為兩個等級。第 1 等級為隨葬器物在 10 件以上的墓葬，第 2 等級為隨葬器物在 10 件以下的墓葬。本段墓葬整體等級不高。

　　第二期第六段，墓葬數量較少，主要集中分佈在成都金沙遺址。墓葬面積相差不大，但隨葬器物的數量差異較大，其中金沙星河路 M2725 隨葬 58件器物，包括 47 件銅器，主要是兵器。該墓的等級明顯較其他墓葬更高。因此，本段墓葬中，金沙遺址 M2725 為第 1 等級，其餘為第 2 等級。

　　第二期第七段，墓葬數量較多，分佈在多個墓地中。該段墓葬呈現出多元化特徵，無論是葬具，還是隨葬器物的種類還是數量，均呈現出較大的差異。從墓葬面積和隨葬器物的多寡來看，兩者之間並無必然的關係，因為墓葬面積還涉及到葬具的形制，如長度大致相同的木棺和船棺，則船棺墓的面積會遠小於木棺墓的面積。因而墓葬面積與器物的多少並無太大聯繫。如青

白江雙元村 M154 至少隨葬 152 件器物，但面積僅為 3.7 平方米，在所有墓葬中面積大小屬於中等。因此，本段墓葬等級與隨葬器物的數量和種類等因素關係更為密切，而與墓葬形制或面積等關係不大。根據隨葬器物的數量、材質，可將本段墓葬分為 4 個等級。

第 1 等級包括成都商業街 G1、G2，青白江雙元村 M154，綿竹清道 M1 等 4 座墓葬，主要特徵是隨葬器物數量較多，均在 60 件以上；隨葬器物種類豐富，青白江雙元村 M154 和綿竹清道 M1 出土了較多外來風格的青銅器，而成都商業街兩座墓則出土了豐富而精美的漆器。這幾座墓由於存在性質的區別，在等級表現的方式上亦會存在一些細微的區別。

第 2 等級包括成都商業街 G11、成都百花潭 M10、成都青羊宮 M1、成都文廟西街 M1、成都白果林小區 M4、成都中醫學院 M1 等墓葬，隨葬器物多在 10-50 件之間，器物種類豐富，常見一些外來風格的銅器。有一些墓葬由於被盜擾，出土器物數量不多，但其中包含了一些外來風格的器物，亦應劃歸此等級，如成都青羊小區 M1 等。商業街墓地的其餘墓葬中，部分墓葬無隨葬器物，但多被破壞，其等級亦應較高，屬於第 2 等級。

第 3 等級包括成都金沙人防 M280、金沙星河路 M2712 及成都羅家碾 M2 等墓葬。隨葬器物在 1-10 件之間，一般為陶器或銅兵器，種類不豐富。

第 4 等級墓葬數量較少，主要見於成都金沙人防 M267、M278 等墓葬。無隨葬器物。

第二期第八段，墓葬數量較多，墓葬的整體特徵與第七段比較接近，等級劃分與第七段基本相同。

第 1 等級僅新都馬家 M1 一座。該墓即便被盜，出土器物仍然近 200 件，包括了各種類型的器物，其中外來風格的銅器數量也是最多的。該墓面積達到 96.1 平方米，較成都平原其他墓葬大出許多。該墓是目前成都平原商周墓葬等級最高的一座，當無疑問。

第 2 等級包括成都新一村 M1、成都文廟西街 M2、什邡城關 M90 等。隨葬器物在 10-90 件之間，主要隨葬本地風格的銅器和陶器，較少有外來風格的銅器。

第 3 等級包括什邡城關 M31、城關 M68 等墓葬，隨葬器物在 1-10 件之間，一般為陶器或銅兵器，種類不豐富。

第 4 等級無隨葬器物。這類墓葬較少，主要包括廣漢三星堆青關山 M34

等墓葬。

第三期第九段墓葬的隨葬器物構成發生了一些變化，主要以陶器為主，有部分銅容器和兵器，但外來風格的器物很少出現。等級劃分的標準仍然是隨葬器物的多寡。

第 1 等級僅成都羊子山 M172 一座。該墓被盜嚴重，但仍然出土 400 多件器物，且種類豐富，包含了較多外來風格的器物，其等級非常高。

第 2 等級包括大邑五龍 M18、什邡城關 M49、蒲江飛龍村 98M1 等墓葬。隨葬器物多在 10-60 件之間。隨葬器物以陶器為主，有少量銅容器和兵器。

第 3 等級包括蒲江飛龍村 06M4、什邡城關 M37、成都海濱村 M2 等墓葬。隨葬器物在 1-10 件。

第 4 等級包括成都龍泉驛北幹道 M9 等。無隨葬器物。

第三期第十段墓葬的基本特徵與第九段基本一致。可分為三個等級。

第 1 等級包括郫縣風情園 M5、大邑五龍 M19、什邡城關 M24 等墓葬。隨葬器物在 10-50 件之間，以陶器為主，其次為銅兵器。

第 2 等級包括成都龍泉驛北幹道 M24、郫縣花園別墅 M10 等。隨葬器物在 1-10 件之間。

第 3 等級集中在成都龍泉驛北幹道墓地。無隨葬器物。

在第五至第十段中，等級的體現方式相對而言比較接近，墓葬形制、隨葬器物存在較多的共性，墓葬等級劃分的標準基本相同。

第五、六段均為兩個等級，可分別對應。第八段和第九段的第 1 等級可對應，也是所有墓葬中的最高等級。第七段中第 1 等級的墓葬為其次，在其他期別中少見，可單獨列為一檔。第七至第九段的第 2 至第 4 等級大致可對應，也相當於第十段的第 1 至 3 等級。各期段墓葬等級的對應關係，如表 6-3、6-4 所示。

表 6-3　第二、三期各段的墓葬等級對應關係

等級	第五段	第六段	第七段	第八段	第九段	第十段
一				1	1	
二			1			
三	1	1	2	2	2	1
四	2	2	3	3	3	2
五			4	4	4	3

表 6-4　第二、三期的墓葬等級

等　級	代表性墓葬
一	新都馬家 M1、成都羊子山 M172
二	青白江雙元村 M154，成都商業街墓 G1、G2，綿竹清道 M1
三	成都商業街墓地（除 G1、G2 外）、成都百花潭 M10、成都青羊宮 M1、成都白果林小區 M4、成都中醫學院 M1、成都新一村 M1、成都文廟西街 M1、成都文廟西街 M2、成都什邡城關 M90、什邡城關 M49、什邡城關 M24、蒲江飛龍村 98M1、郫縣風情園 M5、大邑五龍 M18、大邑五龍 M19 等
四	金沙人防 M280、金沙星河路 M2712、成都羅家碾 M2、什邡城關 M31、什邡城關 M68、什邡城關 M37、蒲江飛龍村 06M4、成都海濱村 M2、成都龍泉驛北幹道 M24、郫縣花園別墅 M10 等
五	金沙人防 M267、金沙人防 M278、成都天回山、廣漢三星堆青關山、龍泉驛北幹道 M9 等

　　以上五個等級的劃分是相對的情況，因為時代、社會結構等的變化，等級劃分的標準以及表現方式不盡相同。另外需要注意的是，因墓葬保存不佳，墓葬或人為破壞，以及材料公布的不及時，上述墓葬等級劃分或許並不能完全覆蓋當時的社會階層，而只能粗略反映當時社會階層的分野。

　　從以上分析可知，第一期的墓葬等級差別不太明顯，大致可劃分為三個等級。第二、三期的墓葬存在較明顯的等級差別，可劃分為五個等級。第一期與第二、三期之間墓葬的特徵和等級存在巨大的鴻溝，在等級區分上是前後不同的兩大階段，不宜將前後兩個階段的等級直接加以對應。第二大階段的墓葬存在較為明顯的等級分化，而第一階段的社會等級，至少在墓葬層面表現不夠明顯，這可能與社會結構乃至社會形態或性質密切相關。

第二節　巴蜀符號與墓葬等級的關聯

　　成都平原商周墓葬等級除了在墓葬結構、隨葬器物等方面有體現外，巴蜀符號的種類亦有一定程度的體現。以下選取出土符號較多的墓地（如成都商業街墓地、新都馬家 M1、什邡城關墓地）作一剖析。

一、成都商業街墓地

　　成都商業街墓地的符號刻於銅器、陶器和木器上，陶甕的蓋和木棺上多見符號，在其他墓地中不見。共有各類符號 20 件，其中 15 件為單個符號，4 件

為 2 個符號的組合，1 件為 3 個符號的組合（表 6-5）。

　　3 件銅印章上的符號為少見的幾何形符號，與雷紋、雲紋等比較接近，與一般的巴蜀符號形態完全不同。

　　G8 和 G11 的木棺上均有「✠」符號，G9 上為「〰✠」的組合符號，三座墓均有「✠」符號，這類符號僅見於 G8-G12 這一組棺之中。

表 6-5　成都商業街墓地符號統計表

墓　地	編　號	分　期	材　質	器　物	符　號
商業街	M1G1：23	7	陶	甕的蓋	φ
商業街	M1G1：29	7	陶	甕的蓋	φ
商業街	M1G1：31	7	銅	印章	▨
商業街	M1G1：36	7	銅	印章	▨
商業街	M1G1：52	7	銅	削	⌒〰⋈
商業街	M1G10	7	木	木棺	⊕
商業街	M1G10：3	7	陶	甕的蓋	⊤
商業街	M1G11	7	銅	印章	✲
商業街	M1G11：25+26	7	陶	甕	႘
商業街	M1G11：36	7	陶	甕的蓋	？
商業街	M1G11：6+8	7	陶	甕	δΠ
商業街	M1G12：8	7	銅	印章	▨
商業街	M1G14：1	7	陶	甕的蓋	大
商業街	M1G2：44+87	7	陶	甕	ⱳ ⌾

商業街	M1G2：48	7	陶	甕的蓋	⚲ ϕ
商業街	M1G8	7	木	木棺	✼
商業街	M1G8：3	7	陶	甕的蓋	ⵣ
商業街	M1G8：7	7	木	梳	⧖
商業街	M1G9	7	木	木棺	⌃✼
商業街	M1G9：1+2	7	陶	甕	巴

G1 和 G2 甕蓋上均有「ϕ」符號，其中 M2 為組合符號「⚲ ϕ」，這種符號僅見於 G1 和 G2 陶器之上。G8 甕蓋符號為「ⵣ」，G9 為「巴」，G10 為「中」，G11 為「∂∩」等。

從空間上來看，G1 和 G2 為一組，G8 至 G12 為另一組。從符號上來看，兩組之間也存在明顯的差異，而其內部均有相同的符號。這種現象暗示這兩組墓葬可能代表了兩個更為親近的群體。而這也在某種層面說明了這些符號的性質，是用於區分不同的家族或群體，類似「族徽」的作用。這些符號不排除具有文字的性質，但在成都商業街墓地主要是用於區分人群。

綜上，成都商業街墓地的符號具有區分人群的作用，相同人群的符號種類更為接近。這一現象說明類似商業街船棺的高等級貴族墓地，可能會使用符號來表現自身的個性特徵。

二、新都馬家 M1

新都馬家 M1 共出帶符號的器物 77 件，其中 76 件為銅器，1 件為漆耳杯（表 6-6）。

漆耳杯的符號為「♦≈」。76 件銅器中，有 71 件的符號相同，為「▦▫」，不同的 5 件分別為印章「卉▦卉⟨⟩⟨⟩」，印章「◑C」，印章「▦」，浴缶「▦」以及鏃「⧖≈⊕」。不同的 5 件中，有 2 件也出現了「▦」符號。新都馬家 M1 是目前成都平原東周墓葬中符號種類和組合最為單一的，且「▦▫」符號組合僅見於新都馬家 M1，不見於其他墓葬

的器物上。如此整齊的符號組合顯然是有意為之。

新都馬家 M1 不少銅器是成組隨葬的，其形制基本一致，可能專門為下葬而製作的，這些器物包括兵器和工具等多種器物。這些成組的、形制相同的器物，可能為同一批鑄造生產，專門為墓主下葬而用。這些器物上面相同的符號，也從側面說明其鑄造時間基本相同。這也可以解釋其他墓葬為何少見完全一致的符號出現在多件器物之上。

既然這些符號與器物可能是專門為下葬而作的，那麼這些符號可能與墓主這一群體或家族密切關聯。「　　」符號可能與新都馬家 M1 墓主的家族密切相關，可能是該人群或家族的某種標記，作用類似於族群的徽記。其中 1 件印章上有「　　」符號，而印章可能為墓主使用之物，也可能是其家族的某種符號。

表 6-6　新都馬家 M1 符號統計表

墓　地	編　號	分　期	材　質	器　物	符　號
馬家	M1	8	銅	刀	
馬家	M1	8	銅	刀	
馬家	M1	8	銅	刀	
馬家	M1	8	銅	刀	
馬家	M1	8	銅	刀	
馬家	M1	8	漆木	耳杯	
馬家	M1	8	銅	斧	
馬家	M1	8	銅	斧	
馬家	M1	8	銅	斧	
馬家	M1	8	銅	斧	
馬家	M1	8	銅	戈	

馬家	M1	8	銅	戈	
馬家	M1	8	銅	戈	
馬家	M1	8	銅	戈	
馬家	M1	8	銅	戈	
馬家	M1	8	銅	戈	
馬家	M1	8	銅	戈	
馬家	M1	8	銅	戈	
馬家	M1	8	銅	戈	
馬家	M1	8	銅	戈	
馬家	M1	8	銅	戈	
馬家	M1	8	銅	戈	
馬家	M1	8	銅	戈	
馬家	M1	8	銅	戈	
馬家	M1	8	銅	戈	
馬家	M1	8	銅	戈	
馬家	M1	8	銅	戈	
馬家	M1	8	銅	戈	
馬家	M1	8	銅	戈	
馬家	M1	8	銅	戈	
馬家	M1	8	銅	戈	

馬家	M1	8	銅	戈	
馬家	M1	8	銅	戈	
馬家	M1	8	銅	戈	
馬家	M1	8	銅	斤	
馬家	M1	8	銅	斤	
馬家	M1	8	銅	斤	
馬家	M1	8	銅	斤	
馬家	M1	8	銅	斤	
馬家	M1	8	銅	斤	
馬家	M1	8	銅	斤	
馬家	M1	8	銅	斤	
馬家	M1	8	銅	斤	
馬家	M1	8	銅	斤	
馬家	M1	8	銅	削	
馬家	M1	8	銅	削	
馬家	M1	8	銅	削	
馬家	M1	8	銅	削	
馬家	M1	8	銅	削	
馬家	M1	8	銅	削	
馬家	M1	8	銅	削	
馬家	M1	8	銅	削	

馬家	M1	8	銅	削	
馬家	M1	8	銅	削	
馬家	M1	8	銅	削	
馬家	M1	8	銅	印章	
馬家	M1	8	銅	印章	
馬家	M1	8	銅	印章	
馬家	M1	8	銅	浴缶	
馬家	M1	8	銅	鉞	
馬家	M1	8	銅	鉞	
馬家	M1	8	銅	鑿	
馬家	M1	8	銅	鑿	
馬家	M1	8	銅	鑿	
馬家	M1	8	銅	鑿	
馬家	M1	8	銅	鑿	
馬家	M1	8	銅	鑿	
馬家	M1	8	銅	鑿	
馬家	M1	8	銅	鑿	
馬家	M1	8	銅	鑿	
馬家	M1	8	銅	鑿	

馬家	M1	8	銅	鑿	
馬家	M1	8	銅	鍬	

綜上所述，新都馬家 M1 的「 」符號可能是某一家族或群體的家族符號，類似徽記銘文。而 70 餘件器物有相同的符號，也說明了這些器物製作時間比較一致，可能是專門為下葬而製作的。這也是新都馬家 M1 作為目前等級最高的墓葬而獨有的特徵。

三、什邡城關墓地

什邡城關墓地在出土巴蜀符號的墓地中，延續時間最長，從第七段一直延續至第十段，是單個墓地出土巴蜀符號數量最多的（表 6-7）。

第二期第七段，符號組合較為簡單，最多的為 6 個符號的組合。M69：2，符號為「 , 」，為兩組相同的符號，其實為「 」與「 」共同構成的組合。該段出現最多的符號也是「 」與「 」這兩個符號。

第二期第八段，符號組合多樣，既有簡單的單個符號，如 M10：9 矛，「 」；也有十餘個符號組成的組合，如 M100：3 戈，符號為「 」。該段出現最多的符號也是「 」與「 」這兩個符號，常見與「 」構成符號組合，即「 」。「 」似乎也是一種較固定的組合方式，可能與虎有關。

第三期第九段，符號組合仍然多樣，既有單個符號，也有多個符號的組合。但組合的符號數量較上一段增多，較長的符號組合增多。如 M14：2 為「 」該段流行的符號組合與第八段較為接近，保持了較高的一致性。

第三期第十段，符號組合較多樣，較為零散，不甚統一。大多三個及以下的符號構成，較為簡略。較第九段符號組合變得更為簡單。

從什邡城關墓地的情況來看，從戰國早期至戰國末期，符號組合經歷了簡單──複雜──簡單的發展過程，大致在第九段即戰國晚期達到頂峰，戰國末期迅速式微。什邡城關墓地巴蜀符號的演變過程，大體上也代表了成都平原戰國時期巴蜀符號的發展演變過程。

表 6-7　什邡城關墓地符號統計表

墓地	編號	分期	材質	器物	符　號
城關	M25：11	7	銅	劍	（符號圖案）
城關	M25：27	7	銅	劍	（符號圖案）
城關	M69：11	7	銅	劍	（符號圖案）
城關	M69：2	7	銅	劍	（符號圖案）
城關	M69：7	7	銅	矛	（符號圖案）
城關	M10：17	8	銅	斧	（符號圖案）
城關	M10：22	8	銅	釜甑	（符號圖案）
城關	M1：14	8	銅	戈	（符號圖案）
城關	M100：3	8	銅	戈	（符號圖案）
城關	M90-2：5	8	銅	戈	（符號圖案）
城關	M25：43	8	銅	劍	（符號圖案）
城關	M25：59	8	銅	劍	（符號圖案）
城關	M69：16	8	銅	劍	（符號圖案） ?
城關	M69：25	8	銅	劍	（符號圖案）
城關	M69：34	8	銅	矛	（符號圖案）
城關	M22：3	8	銅	劍	（符號圖案）
城關	M7：2	8	銅	劍	（符號圖案）
城關	M92-1：2	8	銅	劍	（符號圖案） ?

城關	M5：23	8	銅	刻刀	王
城關	M1：16	8	銅	矛	
城關	M1：25	8	銅	矛	
城關	M1：26	8	銅	矛	
城關	M10：9	8	銅	矛	
城關	M100：5	8	銅	矛	
城關	M2：3	8	銅	矛	王
城關	M22：5	8	銅	矛	
城關	M30：1	8	銅	矛	
城關	M33：1	8	銅	矛	
城關	M68：1	8	銅	矛	王
城關	M7：16	8	銅	矛	?
城關	M82：1	8	銅	矛	
城關	M83：1	8	銅	矛	王
城關	M90-1：1	8	銅	矛	
城關	M90-1：2	8	銅	矛	
城關	M90-1：3	8	銅	矛	
城關	M90-1：30	8	銅	矛	
城關	M90-1：5	8	銅	矛	
城關	M90-2：1	8	銅	矛	
城關	M91：1	8	銅	矛	

城關	M91：2	8	銅	矛	
城關	M1：27	8	銅	鍪	
城關	M10：6	8	銅	印章	
城關	M10：7	8	銅	印章	
城關	M33：4	8	銅	印章	
城關	M33：5	8	銅	印章	
城關	M7：7	8	銅	鉞	
城關	M52：1	9	銅	戈	
城關	M14：7	9	銅	劍	
城關	M16：7	9	銅	劍	
城關	M16：8	9	銅	劍	
城關	M23：2	9	銅	劍	
城關	M38：29	9	銅	劍	
城關	M38：30	9	銅	劍	
城關	M45：4	9	銅	劍	
城關	M49：31	9	銅	劍	
城關	M52：6	9	銅	劍	
城關	M54：21	9	銅	劍	
城關	M14：2	9	銅	矛	
城關	M14：3	9	銅	矛	
城關	M23：8	9	銅	矛	

城關	M23：9	9	銅	矛	
城關	M38：17	9	銅	矛	
城關	M38：2	9	銅	矛	
城關	M38：22	9	銅	矛	
城關	M38：3	9	銅	矛	
城關	M38：6	9	銅	矛	
城關	M52：2	9	銅	矛	
城關	M63：2	9	銅	矛	
城關	M93：3	9	銅	矛	
城關	M54：18	9	銅	印章	
城關	M17：3	9	銅	鉞	
城關	M49：26	9	銅	鉞	
城關	M93：4	9	銅	鉞	
城關	M50：20	10	銅	劍	
城關	M61：5	10	銅	矛	
城關	M95：1	10	銅	矛	
城關	M50：5	10	銅	盤	
城關	M95：5	10	銅	印章	
城關	M98：3	10	銅	鉞	
城關	M103：4	11	銅	劍	

　　什邡城關墓地中較常見的組合是「▨▨」及「▨▨▨▨」，從早到晚均較為流行，顯示出較穩定的特徵。同一墓地常常出現一些較固定或常見的組合，在成都商業街墓地和新都馬家 M1 等墓地中已經得到了驗證。什邡城關墓地中的符號種類豐富，組合較為多樣，統一性不強。這種現象暗示什邡城關墓地的等級較成都商業街墓地和新都馬家 M1 低，可能是多個小族群的公共墓地。

　　從成都商業街墓地和新都馬家 M1 的符號來看，一些高等級的群體常常使用自己獨有的符號，這些符號類似「族徽」的性質，是用於區分各個群體的標識。而這些與家族人群相關的符號，與其他表達含義的符號在種類上並無明顯的區別，只是常常以單個符號出現，而非以組合的方式出現。

第三節　小結

　　成都平原墓葬在商代中期至西周乃至春秋早期一直未顯示出較大的等級差異，絕大部分墓葬在墓葬規模和隨葬器物方面顯示出較多的共性。由於隨葬器物不多，禮制在墓葬中的表達並不充分和明顯。春秋中期以後，以隨葬器物為核心的墓葬等級制度初步建立，不同墓葬之間存較明顯的等級差異，且等級越高的墓葬差異更加明顯。

　　即是說，第一期墓葬所體現的社會等級差異較小，而第二、三期墓葬體現出的社會等級差異較大。這種情況暗示了社會人群階層或結構發生了較大的變化。這種轉變可能與社會性質的變化有較密切的關聯。

　　巴蜀符號在成都平原東周墓葬中常見，統計分析表明，高等級墓地中，巴蜀符號的種類較為接近甚至相同，如成都商業街墓地和新都馬家 M1 等墓葬。新都馬家 M1 中符號高度統一，這些符號可能與墓主人身份密切相關。而等級較低的墓地中，不同墓葬符號常常不同且差異較大，如什邡城關墓地最為明顯。這種情況說明高、低等級的墓葬在符號方面區別明顯，符號是否統一具有指示身份的作用。

第七章　喪葬習俗與觀念

　　喪葬習俗主要包括墓葬的方向、葬式以及其他特殊葬俗等。結合成都平原商周墓葬的特點，本章對墓向、葬式、隨葬器物的空間擺放以及若干特殊葬俗進行分析，並籍此討論時人的喪葬觀念。

第一節　墓向

　　考古資料表明，同一考古學文化的墓葬方嚮往往趨同，不同考古學文化的墓葬方向往往存在比較大的區別。若同一區域生活的人群發出現重大變化時，常常在墓向上體現出來。以下按照前面所作的分期，簡要分析成都平原商周墓葬方向的變化。需要說明的是，東北—西南向包括了頭向東北（0～90°）和頭向西南（270～360°）兩種情況，因為在埋葬時這兩種頭向的安排可能與地勢存在一定的關係。以下主要考察墓穴整體的方向。

　　第一期第一段，除新都水觀音 M1 為 145°之外，其餘幾座墓在 300～320°之間，說明該段墓葬方向以西北—東南向為主。

　　第一期第二段，有 4 座墓向在 0～90°之間，52 座墓向在 90～180°之間，21 座墓向在 270～360°之間，說明該段墓葬主要為西北—東南向為主，少數為東北—西南向。

　　第一期第三段，有 1 座墓向在 0～90°之間，33 座墓向在 90～180°之間，3 座墓在 180～270°之間，55 座墓向在 270～360°之間，說明該段墓葬主要為西北—東南向，少數為東北—西南向。

　　第一期第四段，有 1 座墓向在 0～90°之間，13 座墓向在 90～180°之間，

7 座墓向在 270～360°之間，說明該段墓葬主要為西北—東南向，少數為東北
—西南向。

第二期第五段，有 3 座墓向在 0～90°之間，4 座墓向在 90～180°之間，1
座墓向在 180～270°之間，2 座墓向在 270～360°之間，說明該段墓葬以東北
—西南向和西北—東南向兩種為主。

第二期第六段，有 4 座墓向在 0～90°之間，1 座墓向在 90～180°之間，1
座墓向在 180～270°之間，1 座墓向在 270～360°之間，說明該段墓葬主要為
東北—西南向，其次為西北—東南向。

第二期第七段，有 29 座墓向在 0～90°之間，9 座墓向在 180～270°之間，
4 座墓向在 270～360°之間，說明該段墓葬主要為東北—西南向，少數為西北
—東南向。

第二期第八段，有 33 座墓向在 0～90°之間，9 座墓向在 90～180°之間，
6 座墓向在 180～270°之間，4 座墓向在 270～360°之間，說明該段墓葬主要為
東北—西南向，少數為西北—東南向。

第三期第九段，有 21 座墓向在 0～90°之間，8 座墓向在 90～180°之間，
3 座墓向在 180～270°之間，5 座墓向在 270～360°之間，說明該段墓葬主要為
東北—西南向，其次為西北—東南向。

第三期第十段，有 12 座墓向在 0～90°之間，4 座墓向在 90～180°之間，
3 座墓向在 270～360°之間，說明該段墓葬主要為東北—西南向，其次為西北
—東南向。

從以上統計可知，成都平原商周墓葬的方向主要有兩種，西北—東南向和
東北—西南向。幾乎所有的墓葬均可歸入這兩類之中，極少數有正南北或正東
西的情況。而無論哪一段的墓葬，均以這兩種方向為主，這表明了成都平原商
周墓葬方向的延續性較強。而隨著時間的變化，墓葬方向也呈現出非常明顯的
變化。第一至第四段，墓向以西北—東南向為主；從第五至第十段，變成了以
東北—西南向為主。也就是說商至西周為一個階段，春秋戰國為另一個階段，
這種變化顯示出強烈的階段性特徵。墓向這種階段性的變化，與前面主要根據
隨葬器物和葬具進行的期段劃分高度吻合。在分期之中，第一至四段為第一
期，隨後的第二期第五段葬具和隨葬器物均發生了較大的變化，墓葬方向也在
第四段之後發生了整體性的變化（圖 7-1）。

圖 7-1　墓葬方向的階段性變化

西北—東南向	東北—西南向
第1-4段	第5-10段

影響墓葬方向的因素有三，一是自然因素，順應自然的地勢；二是信仰或政治層面的約束；三是地域或人群因素。後兩種均與人群、族群以及地域等因素密切相關，在相近地域活動的人群常常有著相近的墓向〔註1〕。墓葬的方向也常常與本區域內一些重要建築的朝向存在一定的聯繫。王仁湘認為成都平原從新石器時代至漢代，重要建築的中軸線方向均為 0～90°〔註2〕，戰國時期的成都城可能也是該方向〔註3〕，即東北—西南向為軸線所在。從前面的統計數據來看，晚商至戰國時期的大部分墓葬確實為東北—西南方向，這說明成都平原的人群在總體上保持了穩定，方向的習俗具有一定的傳承性。但另一方面，上述統計清晰表明，有大量的墓葬是西北—東南方向的，尤其是在第一至四段中佔據了主要地位。這類墓向恰好與建築中軸線保持垂直，也在某種程度上遵循了地域的傳統。

即便存在較為一致的地域傳統，墓葬方向的階段性變化暗示成都平原的人群構成可能存在一定的變化。在春秋戰國時期，人群結構和西周時期相比，應該存在某種程度的變化，這種變化可能與社會結構、性質的變化有關。

第二節　葬式

葬式主要是墓葬中墓主人的埋葬方式、擺放方式，首先可分為單人葬與合葬，又分別涉及到一次葬、二次葬等不同的情形。葬式通常與不同的群體有著密切的聯繫。

一、單人葬

整體來看，從商至戰國晚期，單人葬大多為一次葬，可能也存在少數的

〔註1〕郜向平：《西周墓葬方向及相關問題探討》，《三代考古》（九），北京：科學出版社，2021年，第438～447頁。

〔註2〕王仁湘：《四正與四維：考古所見中國早期兩大方位系統——由古蜀時代的方位系統說起》，《四川文物》2011年第5期。

〔註3〕孫華：《戰國時期的成都城——兼談蜀國的都城規劃傳統》，《古代文明》（第13卷），上海：上海古籍出版社，2009年，第229～256頁。

二次葬；主要以仰身直肢葬為主，其餘葬式為輔，但不同階段又呈現出不同的特徵。

（一）一次葬

第一期第一段，墓葬較少，可辨均為仰身直肢葬。

第一期第二、三段的墓葬較多，葬式比較接近，大部分墓葬仍然為仰身直肢葬。仰身直肢葬存在細微差別，主要在於手如何放置。能夠觀察到的主要有三種方式，一是雙手自然下垂至腹部或腰部；二是雙手交叉放置於胸前；三是雙手交叉於腹部。雙手交叉於胸前是最常見的一種葬式。這三種不同的姿勢常常在同一個墓地中出現，如金沙春雨花間 M403 為雙手下垂（圖 7-2，1），M405 雙手交叉於胸前（圖 7-2，2），M412 雙手置於腹部之上（圖 7-2，3）。

除直肢葬以外，第二段和第三段墓葬中還有屈肢葬等較為罕見的葬式。屈肢葬在本階段數量不多，主要見於金沙陽光地帶墓地，可辨識的屈肢葬至少有 6 座，如 M496、M641（圖 7-2，5）、M721（圖 7-2，6）等，在整個墓地中占比很低。這幾座屈肢葬主要為側身屈肢，也有仰身屈肢，手幾乎都放置在胸前。

第一期第四段，墓葬數量不多，人骨保存較好的主要是金沙國際花園、金沙黃河墓地及新都同盟村墓地等。單人葬大部分為一次直肢葬。直肢葬也常見雙手放置在胸前。因此本段一次葬與第二、三段區別不大，基本保持了一致。

第二期第五、六段，墓葬均不多，人骨保存較好的主要在金沙黃河、星河路和國際花園等墓地。單人葬的墓葬中，絕大部分為一次葬，且均為直肢葬。

第二期第七段，墓葬數量雖然較多，但人骨大多保存較差，無法分辨其葬式，人骨保存較好的主要見於金沙黃河、星河路、人防及成都青羊宮、成都商業街等墓地。本段幾乎均為單人葬，大部分為一次葬，一次葬均為直肢葬。

第八至第十段的墓葬中，大部分人骨保存較差，無法辨別葬式，能辨別的均為一次的直肢葬。如成都海濱村 M3（圖 7-2，4）等。

單人一次葬中，僅在第二段和第三段的金沙陽光地帶墓地存在屈肢葬，其他葬式明確的，幾乎均為直肢葬。這說明單人一次直肢葬在整個商周時期是成都平原的主流葬式，還反映出年代越晚，葬式漸趨相同。金沙陽光地帶的單人一次屈肢葬人群可能與本地人群存在一些區別，或許屬於外來的群體。

圖 7-2　單人一次葬墓葬舉例

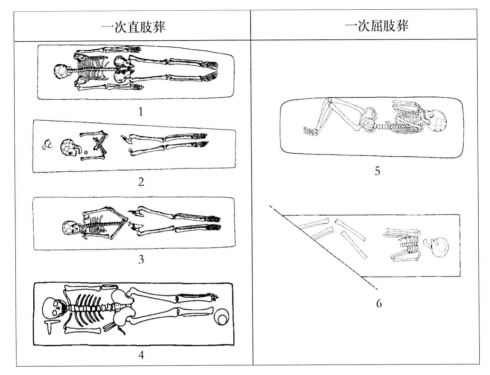

一次直肢葬	一次屈肢葬

1～3.金沙春雨花間 M403、M405、M412　4.成都海濱村 M3　5、6.金沙陽光地帶 M641、M721

（圖片採自：1.《成都考古發現》（2004），第 224 頁，圖一一；2.《成都考古發現》（2004），第 224 頁，圖一二；3.《成都考古發現》（2004），第 225 頁，圖一三；4.《成都考古發現》（2003），第 269 頁，圖三；5.《金沙遺址——陽光地帶二期地點發掘報告》，第 377 頁，圖四五一；6.《金沙遺址——陽光地帶二期地點發掘報告》，第 378 頁，圖四五二）

（二）二次葬

二次葬是指人骨被重新放置，與正常的一次直肢葬或屈肢葬存在明顯的差異。二次葬在多個墓地中均比較流行。

在第一期第二、三段中，金沙陽光地帶墓地至少有 20 餘座為二次葬，其中有 9 座為單人二次葬。單人二次葬實際上是一種較特別的方式，因為若無特別原因，無需將死者重複安葬。該墓地中的二次葬，形式多樣，有的墓葬人骨還較為完整，如 M384（圖 7-3，1）等。部分墓葬人骨的各個部位則明顯混在一塊，如 M397、M700 等，尤其是 M700，人骨幾乎全部堆在東側（圖 7-3，2）。二次葬的形式呈現出多樣化的特徵。

圖 7-3　單人二次葬墓葬舉例

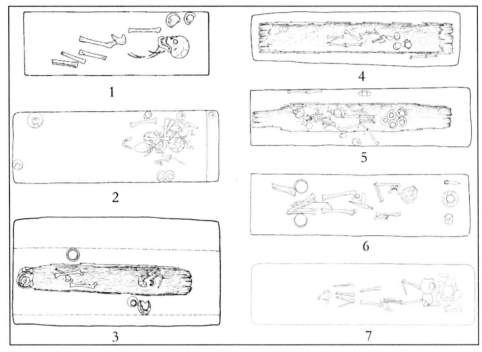

1、2.金沙陽光地帶 M384、M700　3～6.金沙黃河 M597、M580、M535、M549　7.金沙星河路 M2727

（圖片採自：1.《金沙遺址——陽光地帶二期地點發掘報告》，第 385 頁，圖四六〇；2.《金沙遺址——陽光地帶二期地點發掘報告》，第 388 頁，圖四六五；3.《成都考古發現》（2012），第 208 頁，圖三九；4.《成都考古發現》（2012），第 187 頁，圖一一；5.《成都考古發現》（2012），第 209 頁，圖四一；6.《成都考古發現》（2012），第 202 頁，圖三〇；7.《成都考古發現》（2008），第 127 頁，圖五二）

　　第一期第四段有少數為二次葬，如金沙黃河 M543、M597 等。M597 頭骨位於東側，下肢骨位於西側，但人頭骨的方向朝東，明顯是故意放置的（圖 7-3，3）。

　　第二期第五、六段也有少數為二次葬，如金沙黃河 M580（圖 7-3，4），僅見部分肢骨。黃河 M503、M676 僅見頭骨，也可能是二次葬。

　　第二期第七段的金沙黃河 M535 為二次葬（圖 7-3，5）。黃河 M549（圖 7-3，6）及人防 M271 人頭骨與下頜骨脫離，且人骨略顯雜亂，也可能是二次葬。金沙星河路墓地中的 M2720、M2705、M2727（圖 7-3，7）等 3 座墓也均為二次葬。

　　第七段的成都商業街墓地，大部分墓葬人骨保存不好，難以辨別其葬式。

能夠辨別的墓葬中，有一次葬，也有二次葬。G14僅存少量雜亂的肢骨，為二次葬。商業街墓地為大型的家族合葬墓，從前面的分析來看，可分為若干組，而各組內部的幾座墓葬的墓主人死亡時間可能存在差異，但可能下葬時間比較接近，部分墓葬可能需要二次葬的處理。

單人二次葬主要出現在第二至七段，第八段之後幾乎不見，這說明二次葬主要出現在戰國早期及以前，戰國中晚期就比較少見了。

從上述對單人葬的分析可看出，時代越晚，葬式呈現出簡單化的趨勢。大約在第一至六段，以一次葬為主，二次葬次之，時代越晚，二次葬的數量和比例越低。在第一至三段，還存在屈肢葬等特殊的葬式，第四段之後，不再出現。此外，還存在一些較特殊的葬式，如頭骨和下頜骨分開等。

二、合葬

合葬墓本身就是一種比較特殊的埋葬方式，因為不同的墓主人死亡時間存在差別，而最後又需要埋葬在同一墓穴中。由於合葬墓內部死者下葬時間不同，由此導致二次葬比例較高的現象。

第一期第二段就有合葬墓出現，但數量不多。如新都同盟村M7為雙人合葬墓（圖7-4，3），墓室南北並列埋葬兩具人骨，四周隨葬有陶器。北側僅存少量肢骨，難以辨別葬式。南側僅存頭骨及少量肢骨，肢骨似被動過，推測是二次葬的可能性較大。

第一期第四段的合葬墓，主要出現在金沙陽光地帶墓地。不僅有雙人合葬，還存在三人合葬墓。人骨分布均非正常的直肢，但大部分人骨均擺放到接近正常直肢葬的樣式，說明這些墓葬的死者可能是二次葬。但下葬者試圖將其位置復原成類似第一次安葬的情況。如M751、M780（圖7-4，5）等，均有偽裝成一次葬的嫌疑。

金沙國際花園墓地中也有多座雙人合葬墓。M917（圖7-4，1）、M947等墓葬中兩具人骨均為一次葬，沒有被動過的痕跡。M948北側的人骨為正常的一次直肢葬，而南側的人骨雖然整體是直肢葬，但頭骨卻位於人骨腹部的一側，說明頭骨可能被取下或移動過，推測南側的人骨為二次葬。M841兩具人骨均只有少量肢骨，很可能是二次葬。

第二期第五、六段仍然有較多合葬墓，主要出現在金沙國際花園等墓地。M943和M916中的兩具人骨均為一次直肢葬（圖7-4，2）。金沙星河路M2722

為雙人合葬墓，兩具人骨均較為散亂且不完整，可能為二次葬（圖 7-4，4）。

圖 7-4　合葬墓舉例

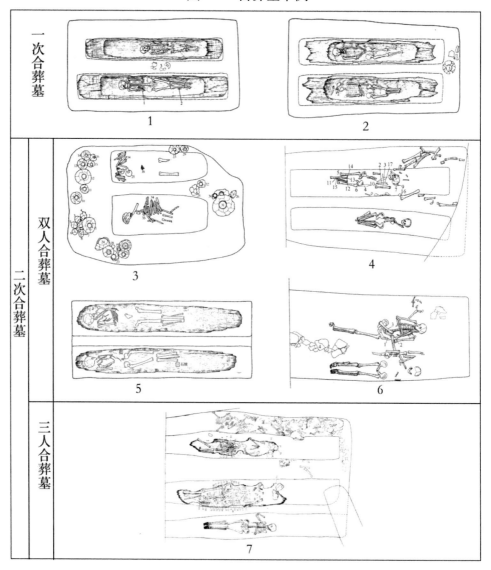

1、2.金沙國際花園 M917、M916　3.新都同盟村 M7　4、6、7.金沙星河路 M2722、M2712、M2725　5.金沙陽光地帶 M780

（圖片採自：1.《成都考古發現》（2004），第 137 頁，圖一七；2.《成都考古發現》（2004），第 135 頁，圖一五；3.《四川文物》2015 年第 5 期，第 8 頁，圖八；4.《成都考古發現》（2008），第 113 頁，圖三六；5.《金沙遺址——陽光地帶二期地點發掘報告》，第 401 頁，圖四八三；6.《成都考古發現》（2008），第 111 頁，圖三四；7.《成都考古發現》（2008），第 115 頁，圖三八）

　　金沙星河路 M2725 為三人合葬墓，其中最南側的人骨保存較好，為正常的一次直肢葬，北側的兩具人骨均較散亂，為二次葬，推測北側兩位墓主人是在南側墓主人死亡之後一同下葬的（圖 7-4，7）。

　　第二期第七段由於人骨保存的問題，合葬墓較少，主要有金沙星河路 M2712 等。M2712 中未見棺木，兩具人骨緊鄰在同一墓穴中，北側的人骨較為完整，南側人骨較為鬆散，應為二次葬（圖 7-4，6）。

　　第二期第八段以後，仍然有少量的合葬墓，主要出現在城關墓地中。M58、M92 兩座墓均為合葬墓，但人骨不存，不知是否為二次葬。

　　從以上梳理可知，合葬墓主要出現在晚商至春秋，大約在第六段及之前，第七段之後就較少出現合葬墓。且上述大多數的合葬墓的葬具均為船棺，非船棺墓少見合葬墓。這反映出船棺使用人群較偏重合葬，並且由於船棺作為單人葬具，不同的墓主人有自身的空間，所以導致船棺墓中合葬現象較多。而到了戰國之後，船棺逐漸減少，合葬墓也變得不常見了，這二者之間存在明顯的聯繫。

　　合葬墓大多為二次葬，這是由合葬墓死者下葬時間的不同所造成的，但部分墓葬出現了將二次葬儘量偽裝成一次葬的情況，暗示了當時人們希望將合葬的墓主人同等對待的心理。

　　同穴合葬墓在戰國中晚期基本不見了，但異穴合葬墓卻逐漸流行起來了，這可能是同穴合葬墓逐漸消亡的原因之一。

　　第一期第二段的金沙陽光地帶 M386 為疊葬，為一次葬，上層為一未成年人，下為一成年人（圖 7-5，1）。金沙陽光地帶 M424 為更典型的疊葬，兩層人骨大致重疊，上層人骨為一次直肢葬，下層人骨較為雜亂，為二次葬（圖 7-5，2），兩層人骨周圍各有其隨葬器物。這種葬法在成都平原極其少見，是一種非常特殊的形式。一般而言，兩具人骨的合葬墓，由於死者死亡時間的不同，常常是二次葬，但金沙陽光地帶 M386 為一次葬，其原因值得思考。疊葬在中國西南地區尤其是滇文化的墓葬中常常能見到，如雲南澄江縣金蓮山墓地就有大量的疊葬墓〔註4〕。成都平原少量的疊葬墓不排除與外來人群有關。

〔註4〕雲南省文物考古研究所、玉溪市文物管理所、澄江縣文物管理所、吉林大學邊疆考古研究中心：《雲南澄江縣金蓮山墓地 2008~2009 年發掘簡報》，《考古》2011 年第 1 期。

圖 7-5　金沙陽光地帶疊葬墓

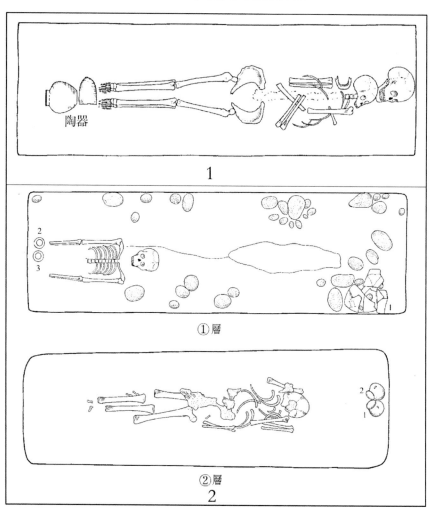

1. M386　2. M424

（圖片均採自《金沙遺址——陽光地帶二期地點發掘報告》，分別為：1. 第 378
頁，圖四五三；2. 第 346 頁，圖三九六）

　　從前面對單人及合葬墓葬式的梳理來看，春戰之際大約是葬式變化的分
水嶺。在戰國以前，除了最常見的一次單人葬，還多見合葬，而且二次葬、疊
葬等多種葬式均存在，葬式呈現出多元化的特點。到戰國以後，逐漸僅存單人
一次葬，且均為直肢葬，葬式漸呈單一化。葬式的單一化、程式化，暗示整個
社會秩序的規範化。葬式的單一化暗示整個社會收到了更多的約束，這可能與
社會的統治方式、社會性質的變化有一定的關聯。

第三節　隨葬器物的位置

一、器物位置的歷時性變化

　　隨葬器物在墓室內的空間分布，是喪葬習俗的重要組成部分。何種器物放置在何種位置，當是下葬者有意安排的。以下主要分析墓葬內部不同質地、類別的器物的空間關係。

　　第一期第一段的金沙蘭苑 M33 隨葬有陶器和玉石器等，從平面圖上可很容易地看出陶器均放置在人骨的周圍，主要在其北側，而玉璋等玉石器則放置於墓主人的胸部和腹部等位置（圖 7-6）。蘭苑 M61 隨葬的陶器均放置在墓主人頭部的一側，石器則位於墓主人的北側。該段的新都水觀音 M1 和 M2 隨葬大量陶器和銅兵器、工具等器物，其中陶器均位於墓室的四周，圍成一圈；銅兵器等則放置於墓室中間部位，可能是墓主人的胸部、腹部等位置（圖 7-7）。

圖 7-6　金沙蘭苑 M33 隨葬器物位置示意圖

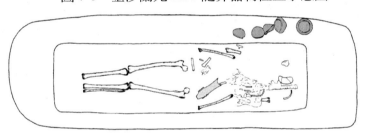

━━ 陶器　━━ 玉器

（圖片據《成都考古發現》（2001），第 15 頁，圖一五改繪）

圖 7-7　新都水觀音 M1 隨葬器物位置示意圖

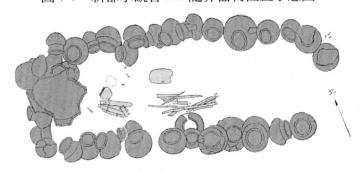

━━ 陶器　━━ 其他

（圖片據《考古》1959 年第 8 期，第 408 頁，圖六改繪）

圖 7-8　郫縣宋家河壩 M2 隨葬器物位置示意圖

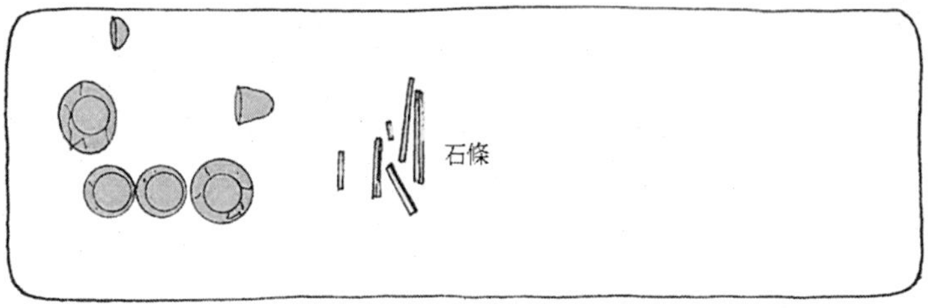

■■ 陶器　■■ 石條

（圖片據《成都考古發現》（2007），第 132 頁，圖二一改繪）

　　第一期第二段的宋家河壩 M1 和 M2 隨葬的陶器位於墓室的一端或周圍，石條則位於墓室的中間位置，可能位於墓主人的胸部或腹部等位置（圖 7-8）。該段的金沙遺址春雨花間 M405 隨葬 1 件陶尖底盞和 1 件陶紡輪，尖底盞位於頭端，紡輪則位於墓主人胸部。

　　第一期第二至四段的陽光地帶墓葬數量較多，但大多墓葬並無隨葬器物，以下將主要墓葬的隨葬器物放置情況如表 7-1 所示。

表 7-1　金沙陽光地帶墓地主要墓葬器物放置情況

墓　號	分　期	陶　器	石　器	銅　器
M129	2	腳端		
M146	2	頭側		
M154	2	頭側、腳端		
M157	2	頭側		
M158	2	腳側		
M372	2	腳側		
M374	2	頭側		
M375	2	頭側、下肢側		
M377	2	頭側		
M378	2	下肢側	腳側	
M382	2	腰部	頭側	
M383	2		頭側	
M384	2	頭側		
M386	2	腳端		
M391	2	頭側		
M397	2	胸部、腹部	頭側、身體四周	

M400	2	頭側		
M422	2	頭端		
M423	2		下肢上	
M433	2	頭端		
M437	2	身側		
M445	2	頭側		
M449	2	頭側		
M475	2	頭端		
M476	2	頭端		
M479	2	頭端		
M487	2	身側		
M491	2	身側		
M493	2	下肢側		
M643	2	身側		
M644	2	身側		
M649	2	下肢側		
M688	2	腳端		
M695	2	頭側		
M703	2	下肢		
M447	2	腰部		
M701	2	腰部		
M745	2	腰部		
M125	3	頭側		
M126	3	頭端	肩部	
M130	3	頭端		
M131	3	頭側		
M140	3	頭側		
M141	3	頭側		
M142	3	頭側		
M165	3		腰部	
M361	3	腳端		
M364	3	頭側		
M376	3	頭側		
M381	3	頭側	肩部	
M394	3		腰部	

M419	3	下肢側		
M426	3		頭側	
M436	3	頭側		
M482	3	身側		
M707	3	腰部		
M709	3	身側		
M743	3		腳端	
M750	3		胸部	
M808	3		腰部	
M727	4		身側	
M741	4		胸部	
M763	4		腰部	
M777	4			胸部、腹部
M780	4		腳側	
M781	4		腰部	

圖 7-9　金沙陽光地帶第二段墓葬隨葬器物位置舉例

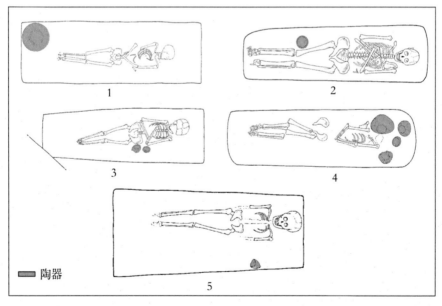

1.M129　2.M649　3.M447　4.M391　5.M437

（圖片均據《金沙遺址——陽光地帶二期地點發掘報告》改繪，分別為：1.第 329 頁，圖三六八；2.第 356 頁，圖四一三；3.第 350 頁，圖四〇三；4.第 341，圖三八九；5.第 349 頁，圖四〇一）

金沙陽光地帶第二段的 38 座墓葬中，大部分隨葬器物是陶器，石器較少。陶器主要位於頭端或頭的兩側，其餘的位於腳端、腰部、身側（圖 7-9）。石器的位置與陶器基本一致，但部分放置於身體上，則是陶器不見的。

金沙陽光地帶第三段的 22 座墓葬中，隨葬石器的比例增多。陶器主要位於頭側，極少數位於腳側和下肢側等部位。相對第二段而言，陶器的位置基本集中在頭部。石器則主要放置於腰部、肩部和胸部等位置。石器和陶器的位置差異明顯，陶器集中在身體的兩端，石器則更靠近人身的軀幹（圖 7-10）。

圖 7-10　金沙陽光地帶第三段墓葬隨葬器物位置舉例

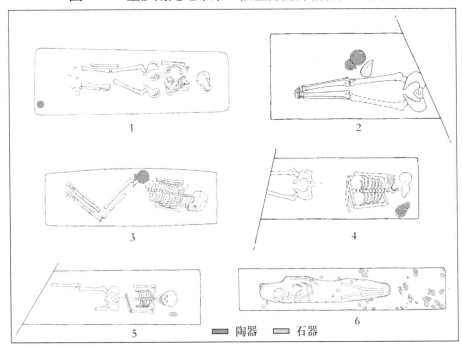

1.M361　2.M419　3.M707　4.M381　5.M426　6.M743

（圖片均據《金沙遺址——陽光地帶二期地點發掘報告》改繪，分別為：1.第 336頁，圖三八一；2.第 343 頁，圖三九二；3.第 375 頁，圖四四七；4.第 339 頁，圖三八六；5.第 347 頁，圖三九八；6.第 392 頁，圖四七〇）

金沙陽光地帶第四段的 6 座墓葬中，主要隨葬石器，僅 1 座隨葬銅器。石器也主要位於腰部、胸部和身體側邊，銅器則位於胸部和腹部等位置。石器和銅的放置與第二段的石器位置基本一致（圖 7-11）。

第二期第七段的成都青羊宮 M1，隨葬器物包括銅器和陶器，銅器包括容器、兵器和工具等多類。這些不同質地及類別的器物在墓室內的空間位置關係較為清晰。墓主人的頭和腳端放置所有的陶器和銅容器，主要是放置在頭端。

墓主人的左側放置兵器，如戈、矛、劍、鉞等，墓主人的右側則放置工具及 1 件銅矛。容器、兵器和工具在墓室中各居其位，顯然是有意識將這些器物分開放置（圖 7-12）。

圖 7-11　金沙陽光地帶第四段墓葬隨葬器物位置舉例

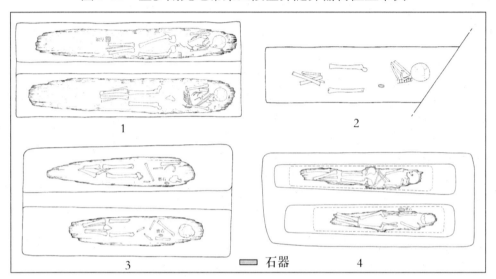

1.M780　2.M781　3.M741　4.M727

（圖片均據《金沙遺址——陽光地帶二期地點發掘報告》改繪，分別為：1.第 401 頁，圖四八三；2.第 398 頁，圖四八〇；3.第 403 頁，圖四八五；4.第 399 頁，圖四八一）

圖 7-12　成都青羊宮 M1 隨葬器物位置示意圖

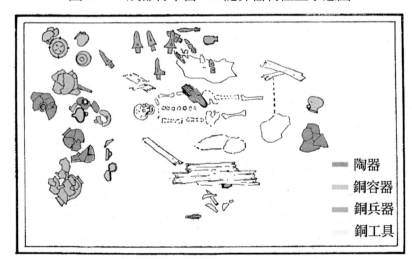

（圖片據《考古》1983 年第 7 期，第 597 頁，圖一改繪）

　　什邡城關墓地延續時間較長，從第二期第七段至第三期第十段。但墓地第七至第九段大多為船棺，墓室內的空間環境比較接近，隨葬器物的種類也比較接近，主要包括陶器和銅器，銅器以兵器為主，有少量容器。由於船棺內部變形及器物的倒塌，器物之間的位置關係變得較模糊，只能大體尋找其規律。通過對有關數據的統計，第七至第九段的墓葬內部隨葬器物分布大致有四個特徵。第一，銅器和陶器大體上是有區隔的，一般來說，陶器常常處於墓室的兩端，而銅器則在身體周圍較近的位置。第二，由於船棺內部空間較為狹窄，器物分布呈現出較緊湊的格局，造成器物之間的位置關係不太清晰，但其本身應該有一定的規律。第三，部分墓葬銅器和陶器之間的界限不太明顯，雜處在一起，這是少數存在的現象。第四，銅容器常常是和陶容器放置在一起，而與銅兵器、工具等區隔開（表 7-2、圖 7-13）。

表 7-2　什邡城關墓地主要墓葬器物放置情況

墓　　號	分　　期	陶　　器	銅　　器
M25	7	東端	四周
M88	7	西端	胸部、腹部等
M89	7	西端	中部
M69	7	東端	中部
M2	8	西端	四周
M7	8	西側	東側及四周
M10	8	頭端	身側
M14	9	西側	東側及西側
M16	9	東側	西側、中部及東側
M22	8	南北兩側	四周
M23	9	東側	西側及中部
M36	9	中部	兩端
M38	9	雜處	
M49	9	中、東部	西部
M52	9	西、中部	中、東部
M54	9	東、中部	西、東部
M74-A	8	中部	兩端
M74-B	8	東端	西端及中部
M79	9	雜處	

M90-1	8	西端	東端、中部及西端
M90-2	8	西側	四周
M91	8	東側	西側及東側
M93	9	東、中部	西、東部
M100	8	東端及西端	西側
M50	10	西、中部	中部
M59	10	西部	東、中部
M95	10	西、東部	中部
M98	10	東、西部	西、中部
M99	10	東、西部	中、西部

圖 7-13　什邡城關墓地墓葬隨葬器物位置舉例

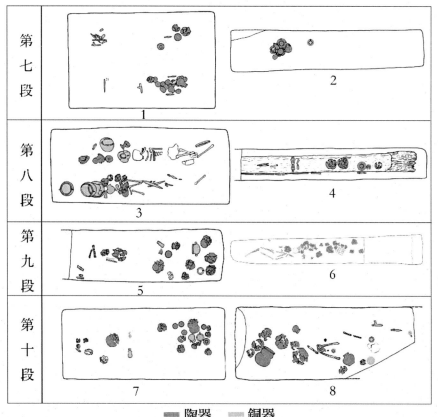

1.M25　2.M89　3.M10　4.M91　5.M93　6.M49　7.M98　8.M59

（圖片均據《什邡城關戰國秦漢墓地》改繪，分別為：1.第 256 頁，圖二七七；2.第 182 頁，圖一九二；3.第 241 頁，圖二六一；4.第 71 頁，圖六○；5.第 184 頁，圖一九四；6.第 162 頁，圖一六八；7.第 231 頁，圖二四八；8.第 214 頁，圖二二六）

第三期第十段，船棺較少，常見木棺、木板等，墓室也更寬，內部空間形態與船棺有所區別。木棺墓的隨葬器物常常放在棺外，或棺內有專門放置器物的頭廂等區域。廣漢二龍崗 M37 隨葬器物均放置在北側，棺內僅放置一件石器。成都海濱村 M3 頭廂中放置陶器，墓主人周邊則放置兵器和銅帶鉤等（圖 7-14）。新都清鎮村 M1 墓室內無明顯的棺，但從墓室形狀推測原來應該有棺木。隨葬的容器主要分佈在墓室內的四周，中間有少量銅器和小型陶器等（圖 7-15）。什邡城關 M98 隨葬器物主要放置在兩側，中間主要是銅鉞和鈴。

圖 7-14　成都海濱村 M3 隨葬器物位置示意圖

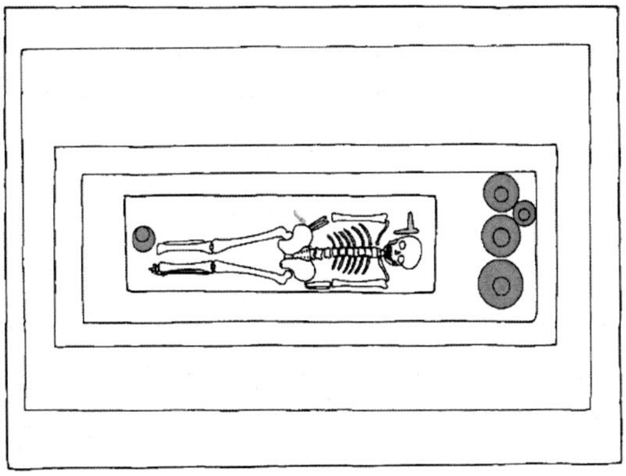

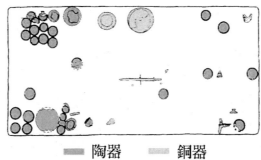

■ 陶器　■ 銅器

（圖片據《成都考古發現》（2003），第 269 頁，圖三改繪）

圖 7-15　新都清鎮村 M1 隨葬品位置示意圖

■ 陶器　■ 銅器

（圖片據《成都考古發現》（2005），第 291 頁，圖二改繪）

第十段有部分墓葬的器物放置較為雜亂，幾乎鋪滿了整個墓室。如什邡城關 M59 器物兩端較多，中間較少。大邑五龍 M19 器物鋪滿了整個墓室的東部，西側也有少量器物。造成這種情況的原因主要有二。一是大部分陶器

破碎、倒塌之後所佔面積變大，造成緊湊的布局。二是這些墓葬大多有木棺甚至木槨，而棺有一定的高度，棺木腐朽倒塌之後，很多器物的位置也會發生變化，原本放置在棺內外的器物也會重疊在一起，造成了器物雜亂的情況。

綜上所述，墓葬中隨葬器物的放置，呈現出以下特點及變化。

1. 從早到晚，不同材質、不同性質的器物在空間上大體呈現出分離的態勢，如陶器和其他器物分開，銅器中的兵器和容器分開等等。銅容器和陶容器常常放置在一起，卻與銅兵器分開，說明器物的性質也是影響位置的重要因素。

2. 從早到晚，器物之間的位置關係存在一定程度的變化，變化的主要原因是器物類別的變化以及葬具空間的變化。

3. 在大約第一期第一至四段，隨葬器物主要是陶器和石器等，陶器常常居於墓葬兩端，一般是位於墓主人頭一端；石器常常位於墓主人腰部、胸部、身側等距身體更近的位置。從商代中晚期至春秋中期，隨葬器物的位置未發生較大的變化。

4. 大約從第二期第五段開始，隨葬器物變為以陶器和銅器為主，陶器常常位於墓葬兩端，銅器則在四周或距身體較近的位置。從春秋中期至戰國晚期，基本遵循了這樣的器物放置方式。

5. 第三期第十段即戰國末期，陶器又成為了隨葬器物的最主要組成部分，陶器常常位於兩端及四周，甚至鋪滿墓室，這是陶器數量變多以及體量變大而造成的。

二、高等級墓葬的器物布局

高等級的墓葬由於墓室空間更大，隨葬器物更為豐富，器物空間安排似乎更為考究。

（一）青白江雙元村 M154

青白江雙元村 M154 出土了大量器物，器物主要分佈在船棺內及腰坑中。從簡報的描述和平面圖來看，棺內的器物原本應該有著較為明顯的分布。從縱向看，最上層主要放置漆器；中層主要放置陶器；下層主要放置銅兵器、工具、飾件、骨器等器物。從橫向看，陶器主要置於墓室的北側，銅器則南側較多。無論在橫向和縱向的空間上，均存在較明確的器物布局安排，且較為有序。腰坑中的器物未被擾動，為五件銅器及木質的器蓋。而腰坑中的器

物均為外來風格的銅器，而這些器物置於腰坑中，說明這些銅器更為珍貴，也更能體現出墓主人的高貴身份（圖7-16）。

圖 7-16　青白江雙元村 M154 隨葬器物位置示意圖

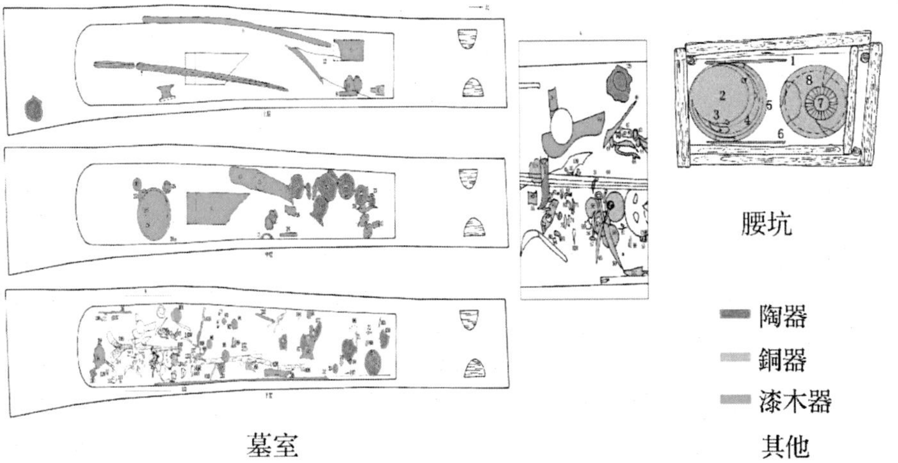

腰坑

墓室

■■ 陶器
▭▭ 銅器
■■ 漆木器
其他

（圖片據《考古學報》2020 年第 3 期，圖四改繪）

（二）成都商業街墓地

　　商業街墓地作為高等級的船棺合葬墓，隨葬器物均放置在船棺室內。G1被盜較為嚴重，但陶器和銅兵器等集中在東端，西部主要是兵器的木構件。G2 主要隨葬陶器和漆木器，尤其以漆木器最為顯耀。由於器物眾多，加之漆木器的垮塌，形成了層次疊壓的情形。最上層主要放置了漆木器，其中東端主要是一些容器，西側則是較大型的構件；中間層和最下層西側均主要為漆木器構件，東側為陶器。G8 西側主要為一些小型的工具等器物，東部則主要為陶器及漆器構件，且大部分陶器均盛裝在大竹簣中。G11 的布局與 G2比較類似，也是分層放置，上層主要為陶器；下層的東側以陶器為主，西側以漆木器為主。這幾具船棺內隨葬器物的分布表明，商業街船棺中的各類器物有著較嚴格的位置分布，而該墓地漆器較多，佔據了較重要的位置，而另一大類陶器則佔據略次要的位置（圖 7-17）。

圖 7-17　成都商業街船棺墓地隨葬器物位置示意圖

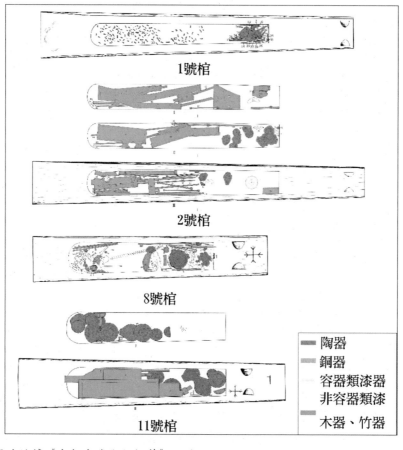

1號棺

2號棺

8號棺

11號棺

陶器
銅器
容器類漆器
非容器類漆
木器、竹器

（圖片均據《成都商業街船棺葬》改繪，分別為：1 號棺：圖三六；2 號棺：圖
五二；8 號棺：圖九七；11 號棺：圖一一六）

（三）新都馬家 M1

　　新都馬家 M1 由槨、棺和腰坑組成，隨葬器物放置在這些部位，但棺、
槨被盜嚴重，剩餘器物不多。腰坑內器物基本完整，出土了大量的銅器。槨
室殘留的器物有銅印章、帶鉤、弩機以及一些裝飾物，還有漆器殘件。這些
器物與墓主人生前的日常生活密切相關，可能是日常生活用器的隨葬。槨室
被分為 9 室，棺居於中間，其餘的 8 室可能放置了不同種類的器物，這種槨
內的分隔方式與楚墓比較接近。如荊門包山 M2 東室放置禮器、生活用器等，
樂器則放置在南室〔註5〕。腰坑中均放置銅器，包括銅容器、兵器和工具等。

〔註 5〕湖北省荊沙鐵路考古隊：《包山楚墓》，北京：文物出版社，1991 年，第 70～
　　　82 頁。

這些器物放置非常考究，同類器物一般位置比較接近，同類兵器和工具均整齊地置於某一件容器之中，如 15 件戈置於銅鑒中（圖 7-18）。腰坑中整齊放置的銅器大致均為陳設禮儀用器，用於營造地下禮儀空間、彰顯墓主人身份。因此，馬家 M1 槨室主要是生活用器，而腰坑中器物主要是禮器，這兩類器物在空間分布上區隔很明顯。

圖 7-18　新都馬家 M1 腰坑內銅器的分布

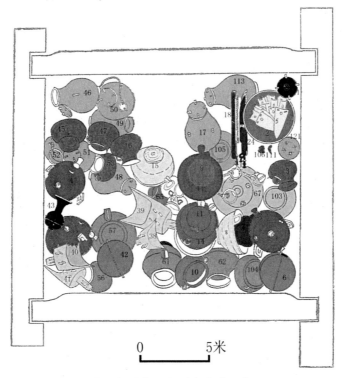

（同類器物用相同顏色表示）

（圖片據《文物》1981 年第 6 期，第 3 頁，圖四改繪）

1、43.豆　2.9 鑒　3、16、45、47、53.鍪　4、44、55、112.鼎　5.戈（15 件）　6、10、42、65.釜　7.甑　11、14.盤　15.瓿　17、46、48～52、105、113、121.壺　18.鋸　24.刀　38～41.鍾　56、57、61、62、104.罍　67、103.缶

（四）成都羊子山 M172

　　成都羊子山 M172 規模也相當大，葬具為棺槨，被盜嚴重。隨葬器物主要放置在槨室內。槨室東部放置了大部分器物，絕大部分的陶容器和銅容器置於東部。槨室西部主要放置銅兵器、玉器等較小型的器物。這說明該墓器物放置也存在著較嚴格的區分（圖 7-19）。

圖 7-19　成都羊子山 M172 隨葬器物位置示意圖

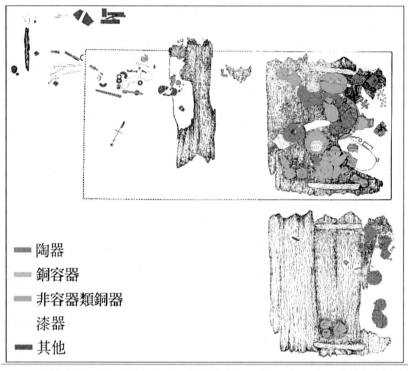

■　陶器
■　銅容器
■　非容器類銅器
　　漆器
■　其他

（圖片據《考古學報》1956 年第 4 期，第 3 頁，圖二改繪）

　　上述 4 處高等級墓葬或墓地的器物放置情況，表明蜀地的上層社會，墓葬內部的空間布局是喪葬禮儀中非常注重的環節。雖然僅僅是一些器物的擺放關係，但事實上地下空間的營造是逝者後代和家親對死者在另一個世界生活的安排，因此，不同性質的器物對於墓主人來說，有著不同的含義。若有腰坑，腰坑中常常放置重要的銅禮器，外來風格的銅器均放置在腰坑中，而棺槨內則放置一些生前貼身使用的日用物品。無腰坑的墓葬，棺或槨內則按照較嚴格的位置區分容器、兵器、工具及其他裝飾物品等。

三、器物的位置關係及其性質

　　前面的分析顯示不同材質、類別的器物常常放置在一起，這可能與這些器物的性質有關，以下從陶容器、模型銅器及銅鉞三個角度來討論器物位置與其性質之間的關係問題。

（一）陶容器的位置與性質

　　前面分析到銅容器常與陶容器放在一起，說明銅容器因為其功能和造型

其實與陶器是一致的，因而在喪葬禮儀中，其功能也是一致的，只是由於財富和購買能力等差別，墓葬中較多使用了陶器，較少使用了生前使用的銅容器。

如什邡城關 M22 銅釜甑與其他陶容器均主要位於墓室西端的兩側，而兵器等則主要在中部（圖 7-20，3）。什邡城關 M100 銅釜緊鄰陶豆等陶器，銅兵器則距離較遠。什邡城關 M16 銅釜中放置了 1 件陶豆，周圍也均為陶器。什邡城關 M54 銅釜、鍪與大量陶器位於東端，銅兵器及飾件等主要位於中部。這些情況說明陶容器與銅容器的性質是基本一致的，部分陶容器可能是作為銅容器的替代品而隨葬的。

（二）模型銅器的位置與性質

即便同為銅兵器，實用器和模型器之間是否在空間上也存在區分呢？金沙國際花園 M940、M943 等墓葬或許可以提供一些線索。

金沙國際花園 M940，隨葬了 10 餘件銅兵器模型，還隨葬了實用的戈、劍各 1 件。實用兵器分別位於墓主人的頭側以及胸部。銅兵器模型則主要放置於墓主人左側腰部及右側膝部兩處位置（圖 7-20，1）。

金沙國際花園 M943 為合葬墓，兩具船棺中均隨葬有實用和模型兵器。北側船棺中，實用的戈、劍置於墓主人的腹部，模型器則位於墓主人的右側腰部。南側船棺中，實用的戈、劍置於墓主人的下腹部之上，而模型器則位於右側腰部。該墓兩具船棺中不同的器物位置較為統一，說明其布局是下葬者精心安排的。

金沙星河路 M2722、M2725 等墓葬出土了一些不具備實用功能但與實物比較接近的模型兵器。M2722 中，兵器置於墓主人的胸部、腹部等位置，並無特殊之處（圖 7-20，2）。M2725 也有類似的現象。由此推測這種與實用器外形非常接近的較大的模型器，在墓葬禮儀中的功能與實用器是一致的。

從金沙國際花園的情況來看，小型模型器在墓葬空間的位置與實用器是明確分開的，在喪葬禮儀中的功能也和實用器有所區別。其功能僅與喪葬有關，是喪葬禮儀環境之下的特殊器物。而那些與實用器非常接近的，只是製作較為粗糙而不具備實際功能的銅器，在空間上並無特殊的安排，其性質與普通的日用器使用之後隨葬沒有區別。

從上述幾例來看，隨葬器物的空間擺放，除了材質的因素外，主要與其性質有關，在於究竟當時人們如何看待某種器物在喪葬禮儀及地下空間的作用，這是左右其位置的關鍵。

圖 7-20　不同類型器物在墓葬中的位置示意圖

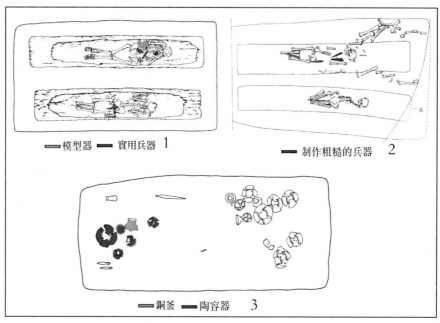

1.金沙國際花園 M940　2.金沙星河路 M2722　3.什邡城關 M22

（圖片分別據：1.《成都考古發現》（2004），第 141 頁，圖二一；2.據《成都考古發現》（2008），第 113 頁，圖三六；3.《什邡城關戰國秦漢墓地》，第 205 頁，圖二一七改繪）

（三）銅鉞的位置與性質

　　成都平原東周時期常見鉞，而關於鉞的性質一直有爭論，其究竟是兵器還是工具？以前的簡報常將鉞歸入兵器一類，但近年來代麗鵑先生從多個角度討論，認為其性質應該更接近於工具〔註6〕，向明文先生持類似的觀點〔註7〕。當然，這兩種功能在日常生活中並非絕對，但在喪葬活動的情境中，喪葬活動的組織者、參與者是將其視作兵器還是工具？

　　前面談到，不同性質或功能的器物，在墓葬內部的空間常常是分開的，那麼可嘗試根據銅鉞主要與哪些銅器共存或放置在一起，推測其性質。

　　銅鉞在墓葬中共存的情形可分為兩種情況。若一座墓葬中除鉞之外，無其他的工具類器物，那麼自然這類鉞的形制可能更接近於兵器，至少在當時人群

〔註6〕代麗鵑：《名相之辨：四川盆地青銅「鉞」研究》，《南方民族考古》第七輯，北京：科學出版社，2011 年，第 211～224 頁。

〔註7〕向明文：《四川盆地青銅煙荷包鉞的年代及相關問題研究》，《邊疆考古研究》第 27 輯，北京：科學出版社，2020 年，第 169～185 頁。

的意識中認為鉞是兵器。從統計的情況來看，若該墓無其他工具，鉞也常常和
戈、矛、劍等兵器共出（表 7-3）。若一座墓中有工具，那麼則看鉞在空間上離
工具或兵器更近。在大部分墓葬中，鉞與兵器比較近，但大部分的區隔並不明
顯。但成都青羊宮 M1 中，可較清晰地看出，兵器和工具分列墓主人的左右兩
側，而鉞則位於兵器一側。這種較為明確的空間關係說明鉞與兵器類更為接
近。在新都馬家 M1 中，腰坑之外的器物大多被盜掘，遺留下來的器物主要是
銅工具等。腰坑內主要是銅容器、兵器、樂器和少量的工具等，銅鉞即位於腰
坑之中。什邡城關 M2、M22 的銅鉞均與銅劍等位置更近（圖 7-21，2、4）。
成都石人小區 M8 銅鉞則與戈、矛相鄰（圖 7-21，1）。成都百花潭 M10 銅鉞
與銅矛、環首刀等相鄰（圖 7-21，3）。這些現象說明鉞的性質可能更接近於兵
器。

表 7-3　部分隨葬銅鉞墓葬統計表

墓　號	與銅鉞距離較近的器物	備　註
什邡城關 M1	戈、矛	有工具
什邡城關 M2	劍	無工具
什邡城關 M7	戈	有工具
什邡城關 M22	劍	無工具
什邡城關 M23	戈	無工具
什邡城關 M25	戈、劍等兵器	無工具
什邡城關 M72	劍	無工具
什邡城關 M90-1	戈	有工具
什邡城關 M90-2	劍	無工具
什邡城關 M91	戈	有工具
成都石人小區 M8	戈、矛	有工具
成都百花潭 M10	矛、環首刀	有工具
成都金沙巷 M2	鍪	有工具
成都青羊宮 M1	戈、矛等	有工具

圖 7-21　銅鉞在墓葬中的位置示意圖

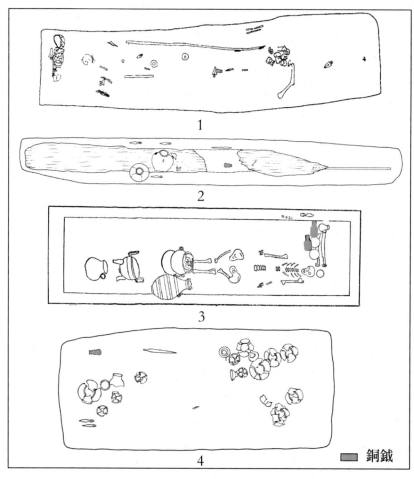

1.成都石人小區 M8　2.什邡城關 M2　3. 成都百花潭 M10　4.什邡城關 M22

（圖片分別據：1.《文物》2002 年第 4 期，第 33 頁，圖二；2.《什邡城關戰國
秦漢墓地》，第 76 頁，圖六五；3.《文物》1976 年第 3 期，第 40 頁，圖一；4.
《什邡城關戰國秦漢墓地》，第 205 頁，圖二一七改繪）

　　2012 年，考古工作者在成都彭州龍泉村遺址發掘了多座春秋戰國墓葬，
其中 M4 的填土的某一平面上出土了銅鉞、矛、劍、帶鉤的器物組合，另一
件銅鉞在墓葬底部與陶器共存（圖 7-22）。鉞、矛、劍、帶鉤的組合在成都平
原上似乎還極少見到。龍泉村 M3 也有相同的組合〔註 8〕。這種固定的組合
方式可能也是當時的一種習俗。而銅鉞與劍、矛出現在一起，也說其性質更
加接近於兵器。

──────────

〔註 8〕資料現存成都文物考古研究院，相關信息承發掘者告知。

圖 7-22　彭州龍泉村 M4 中銅鉞的位置示意圖

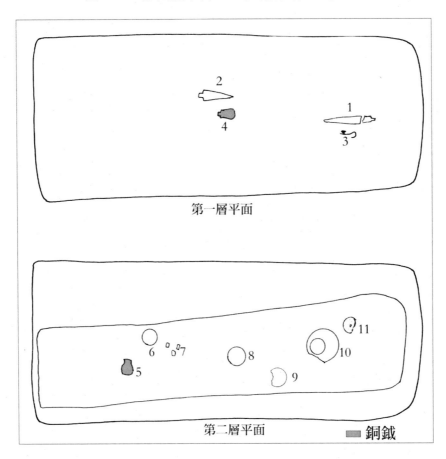

1.銅劍　2.銅矛　3.銅帶鉤　4、5.銅鉞　6.陶深腹豆　7.玉管狀珠　8、9、11.陶尖底盞　10.陶喇叭口罐

（圖片承發掘者提供）

　　此前代麗鵑先生等主要是從實際使用的角度來看待鉞的功能和性質，但更應關注的是鉞在當時人的意識中、在當時的喪葬活動中所扮演的角色。銅鉞到戰國時期，可能已經喪失了其禮器、兵器的性質，成為日常的生產工具。不過，從墓葬材料看，在蜀人的意識中仍然將其當做兵器來看待，在墓主人的地下空間中，仍然充當著兵器的角色。

　　因此，從墓葬內部的空間關係來看，鉞在喪葬活動中充當的是兵器的角色，這與其在日常生活中的角色可能存在分離的情形，但這種情況在喪葬活動中應是常見的現象。

第四節　特殊葬俗

　　成都平原商周墓葬中存在一些較特殊的葬俗，如隨葬玉石條、磨石、朱砂、動物骨骼及部分墓葬附設腰坑等，這些葬俗呈現出較明顯的時代和身份特徵，可能與人群或者社會變革存在某些聯繫。

一、隨葬玉石條

　　隨葬玉石條在成都平原商代晚期至西周早期的墓葬中較為常見，有明確年代的墓葬集中在前面所分的第一期第二段，即商末周初階段。這類墓葬主要包括新都水觀音 M1、新都同盟村 M7、郫縣宋家河壩 M1、郫縣宋家河壩 M2、郫縣波羅村 WM2、成都中海國際 M9，金沙陽光地帶 M397、M399、M696、M700 等（圖 7-23、表 7-4）。金沙萬博的 H844 可能也是一座土坑墓而非灰坑，其中也有隨葬玉石條的現象。據發掘者透露，金沙遺址中還有大量的隨葬玉石條的墓葬〔註9〕。

圖 7-23　隨葬玉石條墓葬舉例

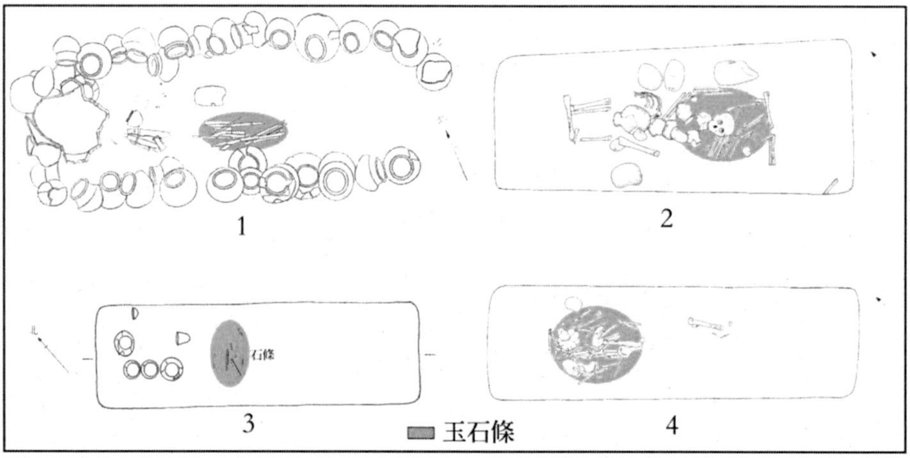

　　1.新都水觀音 M1　　2、4.金沙陽光地帶 M397、M399　　3.郫縣宋家河壩 M1

（圖片分別據：1.《考古》1959 年第 8 期，第 408 頁，圖六；2.《金沙遺址──陽光地帶二期地點發掘報告》，第 384 頁，圖四五九；3.《成都考古發現》（2007），第 129 頁，圖一八；4.《金沙遺址──陽光地帶二期地點發掘報告》，第 386 頁，圖四六二改繪）

　　上述墓葬中，葬具信息明確的，除金沙黃河 M597 為船棺外，其他均非船棺，但最新研究認為該墓葬的形制可能也並非船棺〔註10〕，原簡報判斷可能有

〔註9〕周志清：《古蜀文化玉匠墓管窺》，《江漢考古》2021 年第 6 期。
〔註10〕周志清：《古蜀文化玉匠墓管窺》，《江漢考古》2021 年第 6 期。

誤。若此，隨葬玉石條的墓葬均非船棺。

表 7-4　部分隨葬玉石條墓葬統計表

墓　　地	墓號	隨葬器物	分段
新都水觀音	M1	玉石條、陶罐、銅戈、銅斧、銅鉞等	1
成都中海國際	M9	玉石條	2
郫縣波羅村	WM2	玉石條、陶紡輪	2
新都同盟村	M7	玉石條、陶尖底罐、陶矮領罐、陶尖底杯、陶壺、陶紡輪等	2
郫縣宋家河壩	M1	玉石條、陶尖底罐、陶矮領罐、陶尖底杯等	2
郫縣宋家河壩	M2	玉石條、陶矮領罐、陶尖底杯、陶尖底盞等	2
金沙陽光地帶	M397	玉石條、石片、卵石	2
金沙陽光地帶	M399	玉石條、卵石、陶壺、陶矮領罐等	2
金沙陽光地帶	M696	玉石條	2
金沙陽光地帶	M700	玉石條、石片、陶尖底杯、陶紡輪等	2

　　墓葬中隨葬的玉石條，一般放置於墓主人的胸部和腰部等位置，離墓主人軀體位置更近，說明玉石條與墓主人的身份可能存在密切的關係。

　　隨葬的玉石條幾乎均為灰白色，經過切割、打磨成長條形的柱狀，較為規整。一般而言，隨葬玉石條的墓葬不出銅器，共出的主要為石器和陶器，但石器中不包含磨石，陶器以矮領罐（甕）、壺和尖底杯為主要的器類。

　　出土玉石條的墓葬中，新都同盟村 M7、新都水觀音 M1 等墓葬隨葬大量器物，在成都平原較為罕見，屬於等級較高的墓葬，暗示隨葬玉石條的墓主人身份可能較為特殊。

　　以上信息表明，隨葬玉石條的墓葬主要特徵為：葬具非船棺，位置靠近墓主人的上半身，極少共出銅器，年代集中在商代晚期至西周初年。而隨葬玉石條究竟有何含義呢？周志清先生認為這類墓主人享用了限制性的原料作為隨葬品，墓主人為當時神權社會中的技術精英，隨葬玉石條是一種社會屬性的表達〔註11〕，這類墓葬可稱為「玉匠墓」。從時間上來看，這類墓葬與金沙遺址的鼎盛時期比較吻合，無疑是當時神權社會在葬俗上的映像。

　　〔註11〕周志清：《古蜀文化玉匠墓管窺》，《江漢考古》2021 年第 6 期。

二、隨葬磨石

隨葬磨石的習俗在成都平原商周墓葬中偶有所見，主要出現在金沙遺址的國際花園、陽光地帶墓地及新都同盟村墓地等，明確隨葬磨石的大約有 20 多座墓葬。這些墓葬集中在第三至第五段，另有一座為第二段，年代大約在西周早中期至春秋中期左右（表 7-5）。這些磨石大多經過加工，磨製規整，一般放置在墓主人的胸部、腰部等靠近墓主人的位置（圖 7-24）。

表 7-5　部分隨葬磨石墓葬統計表

墓　地	墓號	葬具	隨葬器物	分段
新都同盟村	M7	不明	磨石 1，陶器、玉器 30 餘件	2
金沙陽光地帶	M750	不明	磨石 1	3
金沙陽光地帶	M756	不明	磨石 1，陶器	3
金沙陽光地帶	M770	不明	磨石 1，陶罐 1	3
金沙國際花園	M848	船棺	磨石 1，銅兵器飾件 9	4
金沙國際花園	M917	船棺	磨石 2	4
金沙國際花園	M918	船棺	磨石 1	4
金沙國際花園	M920	不明	磨石 1	3
金沙國際花園	M939	不明	磨石 1	3
金沙國際花園	M944	船棺	磨石 1	4
金沙國際花園	M946	船棺	磨石 1，銅飾件 1	4
金沙國際花園	M947	船棺	磨石 2	4
金沙陽光地帶	M394	不明	磨石 1	3
金沙陽光地帶	M727	船棺	磨石 1	4
金沙陽光地帶	M741	不明	磨石 1，石料 1	4
金沙陽光地帶	M763	不明	磨石 1	4
金沙國際花園	M850	船棺	磨石 1	5
金沙國際花園	M940	船棺	磨石 1，石器 1，銅兵器飾件 12，玉鏟 1	5
金沙國際花園	M943	船棺	磨石 2，石鑿 1，銅兵器飾件 27，玉器 1	5
金沙國際花園	M945	船棺	磨石 1	5

圖 7-24　金沙陽光地帶 M394 隨葬磨石情況

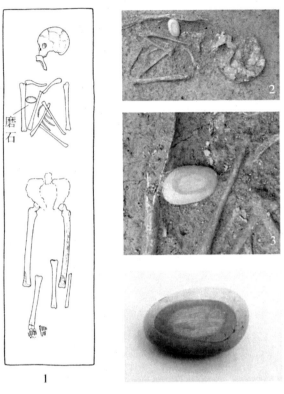

1.M394 平面圖　2、3.磨石出土情況　4.磨石

（圖片均採自：《中原文物》2021 年第 4 期，第 68 頁，圖一）

　　從葬具方面來看，葬具明確的均為船棺，說明隨葬磨石的人群基本上使用船棺作為葬具，具有較強的人群屬性。從隨葬器物方面來看，絕大部分墓葬僅隨葬磨石，少數伴出陶器、玉石器或銅器，且較早階段一般伴出陶器和玉石器，較晚階段才和銅器伴出。常常單獨隨葬說明磨石隨葬者可能存在特定的身份。

　　使用船棺說明這些人群基本上是本土族群，而非外來人群。在西周時期，一般單獨出土或與玉石器、陶器共出，說明這些群體並非身份顯赫之人，可能是特殊的職業導致了隨葬器物的特定化、固定化。在金沙遺址中，一直有製作和使用玉石器的傳統，隨葬磨石可能也是這種文化傳統在喪葬習俗上的一種體現。就當時的社會背景而言，最有可能是工匠、軍人等具有較固定身份的職業群體。而磨石就是其死後身份的象徵〔註12〕。當然磨石究竟是何種職業群體

〔註12〕周志清：《成都金沙遺址磨石隨葬習俗研究》，《中原文物》2021 年第 4 期。

的象徵，還需進一步探討。

事實上，隨葬磨石的階段，部分墓葬也存在隨葬玉石器的現象，與金沙遺址中對玉石器的推崇存在直接聯繫。在少數墓葬中，還能見到一些玉石禮器，如璋、鉞等器物，可能也是身份的某種象徵。大約在春秋以前，還能見到隨葬玉石器的墓葬，隨葬磨石可能就是這種背景的產物。也就是說，在春秋以前，尤其是西周時期，成都平原存在隨葬玉石器的傳統，這種傳統與當時整個社會背景是相符合的。

在第五段之後，基本就不見隨葬磨石的現象了，代之以銅器，暗示隨葬玉石器的傳統被取代了。而其他非墓葬遺存中也較少發現玉石器的大規模使用，說明尊崇玉石器的社會階段已經過去，代之以新的社會形態。

隨葬磨石的墓葬在年代上恰好與隨葬玉石條的墓葬早晚銜接起來，且前者一般與船棺密切結合，而後者則不用船棺。這樣的變化顯示出這兩類葬俗在人群關係上存在一定的替代關係，其身份差異較大。若玉石條墓葬為神權體系下的技術精英，那麼隨葬磨石的人群可能是在神權體系走向瓦解的社會背景之下一類具有特殊身份的群體，考慮到其在較晚階段常與銅兵器伴出，或許與軍人暴力群體有一定的關聯。

三、隨葬朱砂

成都平原商周墓葬中還有使用朱砂的現象，目前所知的墓葬分佈在金沙陽光地帶、黃河、人防、星河路及郫縣犀園村等地，數量不多（表7-6）。但由於這類遺存難以保存，實際的數量當遠大於此。其中金沙陽光地帶 M700 年代最早，約為商末周初，該墓中人頭骨旁的一石片上發現紅色顏料的痕跡，經檢驗為朱砂（HgS）〔註13〕。其餘隨葬朱砂的墓葬年代集中在春秋早期至戰國早期。最新發現的郫縣犀園村墓地中，朱砂葬的年代集中在春秋早期〔註14〕。朱砂葬的流行年代應該在春秋時期。金沙遺址中大量未發表的墓葬中，也存在朱砂葬，如藍光 M1448、城鄉一體化 A 地點 M2005 等（圖7-25）。

朱砂使用多依人骨範圍鋪撒，少數可見人骨表面依附有朱砂，大多數僅是人骨下方可見朱砂痕跡。目前未見一例隨葬品上面附著朱砂的現象，基本可確認隨葬品放置當晚於朱砂鋪撒的行為。通過觀察金沙星河路 M2725 銅器上織

〔註13〕楊穎東、周志清：《陽光地帶二期墓葬出土玉石器分析》，《金沙遺址——陽光地帶二期地點發掘報告》，北京：文物出版社，2017年，第493～500頁。

〔註14〕犀園村遺址隨葬朱砂的情況承發掘者告知。

物痕跡，並結合人骨處未見任何織物的信息，推測朱砂使用可能存在兩種情形：第一種是將屍身放置於棺木內後，再於屍身上鋪撒朱砂，人骨上未有織物包裹；第二種是屍身下葬前，棺底先鋪撒一層朱砂，再將屍身安置於朱砂上。

表 7-6　部分隨葬朱砂墓葬統計表

墓　地	墓　號	位　置	葬　具	分　段
金沙陽光地帶	M700	墓底	不明	2
金沙星河路	M2711	墓底	船棺	5
金沙星河路	M2722	墓底	船棺	5
金沙星河路	M2725	墓底	船棺	6
金沙人防	M275	墓底	船棺	7

圖 7-25　隨葬朱砂墓葬舉例

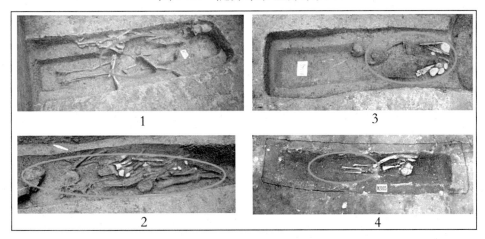

1.金沙星河路 M2711　2.金沙藍光 M1448　3.金沙星河路 M2725　4.金沙城鄉一體化 A 地點 M2005

（圖片承發掘者提供）

隨葬朱砂的習俗也與船棺密切相關，大部分明確葬具的均使用船棺。船棺是當時主流的葬具形態，因此朱砂也是當時主流人群的一類習俗。目前來看，隨葬朱砂似乎並無特定的階層，如金沙星河路 M2725 隨葬眾多銅器、陶器，而金沙人防 M275 則僅隨葬綠松石和獸骨，說明朱砂葬是當時共同的習俗。

在金沙遺址的祭祀區中，發現了大量的朱砂使用情況，如象牙、漆器等，年代可早至商代中晚期，而之後金沙遺址諸墓葬出現的朱砂葬表明其承襲了

早期的尚赤習俗。目前朱砂主要見於祭祀遺存和墓葬中，暗示這類習俗與當時人群的信仰認同有密切關係。

四、隨葬動物骨骼

成都平原商周墓葬中有部分隨葬有動物骨骼，是一類較特殊的葬俗。已刊布的資料中，主要有金沙星河路（圖 7-26，2）、黃忠村、人防及成都商業街墓地等（表 7-7），近年的新發現主要包括郫縣犀園村墓地、新都龍虎村墓地〔註15〕等。在犀園村墓地中，較多墓葬出土了動物骨骼，大多為鹿的肢骨，大多放置在二層臺或人骨上面，放置在人骨上面的可能是放置在棺外垮塌所致（圖 7-26，1、3、4）〔註16〕。

在隨葬的動物骨骼中，可鑒定的主要為鹿，大部分僅有肢骨，在金沙罡正地點有完整的鹿骨〔註17〕。葬具明確的墓葬中，大部分為船棺，說明此類葬俗與船棺存在較密切的聯繫。動物骨骼隨葬的位置也較為統一，大多在二層臺或身體一側，與墓主人關係密切。這些墓葬集中在第五至七段，即春秋早期至戰國早期。西周以前這些葬俗似乎還不見，主要流行於春秋時期。在郫縣犀園村墓地，這類墓葬的年代集中在春秋早期和戰國早期兩個時段中。大體可以認為墓葬中隨葬動物骨骼是春秋時期的一種特殊葬俗。

關於此類葬俗的內涵，有學者認為商業街墓地中放於棺內外的動物骨骼可能與墓葬祭祀有關，無人工破壞痕跡；而放置在陶罐中的動物骨骼大多有人工砍痕，可能與生活食用有關〔註18〕。這說明這些動物骨骼是專門為喪葬活動準備的，與日常生活使用沒有關係。這些墓葬在動物種類、放置位置及葬具等方面均較為一致，推測可能與特定群體的身份背景有關，這類人群可能從事某些特定的職業。這些墓葬的隨葬品不甚豐富，一般為陶器和銅兵器，無外來文化銅容器，亦說明其等級不高。總之，隨葬動物骨骼的這一群體是社會中從事特定職業的中間階層。

〔註15〕龍虎村墓地相關信息承發掘者告知。

〔註16〕熊譙喬、劉祥宇：《成都犀浦發現先秦聚落遺址》，《中國文物報》2021 年 10 月 1 日第 8 版。

〔註17〕相關信息承發掘者告知。

〔註18〕何錕宇：《成都商業街船棺葬出土動物骨骼鑒定報告》，《成都商業街船棺葬》，北京：文物出版社，2009 年，第 156～167 頁。

表 7-7　部分隨葬動物骨骼墓葬統計表

墓　地	墓　號	動物骨骼種屬	位　置	葬　具	分　段
金沙星河路	M2711	鹿	二層臺上及墓室中	船棺	5
金沙星河路	M2722	鹿	二層臺上	船棺	5
金沙黃忠村	M12	獸骨	身體側	不明	5
金沙黃忠村	M13	獸骨	身體側	不明	5
金沙星河路	M2725	鹿	二層臺上	船棺	6
金沙人防	M269	獸骨	身體側	不明	7
金沙人防	M275	獸骨	身體側	船棺	7
成都商業街	G1	鹿、雞等	棺內	船棺	7
成都商業街	G2	鹿、雞等	棺後側及陶罐中	船棺	7

圖 7-26　隨葬動物骨骼墓葬舉例

1、3、4.郫縣犀園村墓地（M29、M2、M9）　2.金沙星河路 M2725
（圖片承發掘者提供）

五、腰坑

　　成都平原商周墓葬中腰坑偶有所見，最早見於新都馬家 M1（圖 7-27，2），其腰坑中出土了上百件器物，包括了眾多青銅禮樂器。由於該墓出土眾多楚文化器物，加之其墓葬形制也與楚地墓葬有相似之處，而非成都平原常

見的船棺，因而該墓的腰坑一般認為是與楚文化有關〔註19〕，也有學者認為
與關中地區有關〔註20〕。1987年，成都石室中學也曾發現帶腰坑的土坑墓，
其中出土銅器5件〔註21〕，其餘信息未見介紹。這些銅器很可能也具有外來
風格。

圖7-27　青白江雙元村 M154 和新都馬家 M1 的腰坑

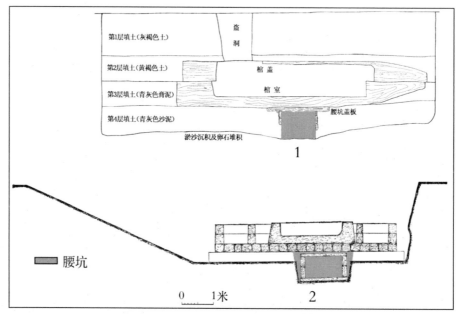

1.雙元村 M154 剖面及腰坑位置　2.馬家 M1 剖面及腰坑位置

（圖片分別據：1.《考古學報》2020年第3期，第401頁，圖二；2.《文物》1981
年第6期，第2頁，圖二改繪）

在近年發掘的青白江雙元村 M154 中也發現了腰坑（圖7-27，1），該墓的
葬具為船棺，並非馬家 M1 一樣的木棺槨。但雙元村 M154 腰坑中放置了外來風
格的一組銅器，這一點與馬家 M1 是比較接近的。從腰坑中放置的器物來看，均
與楚文化有關，是墓主人珍視的貴重器物。近年來，成都市區的一些墓葬亦發現
了腰坑，其中均隨葬有外來風格的銅器，如雙流雙龍村戰國墓地中就有三座墓有
腰坑〔註22〕。綜合現有發現來看，成都平原腰坑主要出現在戰國墓葬中，其中均

〔註19〕沈仲常：《新都戰國木槨墓與楚文化》，《文物》1981年第6期。
〔註20〕彭文：《從蜀墓腰坑的設置看巴蜀文化與關中文化的交流》，《考古與文物》1996
　　　　年第6期。
〔註21〕譚瓊：《記成都西城發現的戰國墓葬》，《成都文物》1988年第4期。
〔註22〕資料現存成都文物考古研究院，相關信息承發掘者告知。

放置器物，主要是銅器，而一般含有外來風格尤其是楚文化風格的銅器。

　　目前來看，成都平原先秦墓葬的腰坑大多集中在戰國時期，有兩個突出的特徵，一是墓葬等級較高，二是一般放置帶有外來文化風格的器物，類似器物坑的性質。這些現象說明，腰坑的出現可能受到了楚文化的直接影響。這一習俗也和外來的器物一樣，成為高等級的象徵之一。而類似青白江雙元村 M154 這樣的船棺也設置了外來文化的腰坑，同時放置了外來文化的珍貴銅器，暗示本土文化受到外來文化的衝擊較大，這種矛盾的處理方式在成都平原商周墓葬中常常能見到。

六、五類葬俗的關聯

　　以上五類特殊葬俗，雖然看似並無關聯，實際上在時間上前後相繼，且均與船棺存在一定的聯繫。在晚商至西周早期，船棺葬還不流行，該階段存在玉石條隨葬習俗；在西周中期至春秋中期，船棺葬最為流行的階段時，出現了隨葬磨石的墓葬；而隨葬朱砂和動物骨骼則集中出現在春秋時期，與船棺的流行階段也相吻合；到了戰國時期，船棺雖然仍然佔據主導地位，但正逐步走向瓦解，以新都馬家 M1 木棺槨為代表的新興葬具逐漸取而代之，又興起了腰坑的習俗，這可能與外來文化的影響有密切關聯。五類葬俗的承繼和替代關係，暗示古蜀社會可能發生了兩次較大的變化，第一次變化是隨葬玉石條墓葬的消失，而隨葬磨石、朱砂和動物骨骼流行起來，轉變的時間約在西周早中期；第二次變化則是腰坑習俗的興起，約在春秋末期至戰國早期。作為外來習俗的腰坑的出現，且與船棺葬進行了融合，又放置了外來文化的器物，說明古蜀上層在社會變革中的矛盾心理。

第五節　喪葬觀念

　　喪葬觀念屬於意識形態方面的內容，是當時人群對墓葬禮儀的認識的集合。本節主要從器用制度的構建、隨葬器物的復古傾向等角度，分析一下有關實物所體現的喪葬禮儀觀念。

一、器用制度的嘗試

（一）本土與外來器用制度的選擇

　　器用制度是商周時期喪葬制度的重要組成部分。器用制度與棺槨制度等，

在地下世界表示墓主生前的不同社會地位。

器用制度是墓葬中器物的種類、數量關係等構成的一套喪葬禮儀的規範。中原地區的器用制度，在西周時期就已經較為成熟，主要用於彰顯墓主人的身份等級，從器物的角度來表示墓主人生前的不同社會階層。至春秋戰國時期，由於各諸侯國的興起，在各地形成了不同的器用制度，中原地區、海岱地區和南方楚地等大的文化區域均存在一些區別〔註23〕。

成都平原地區商周時期，似乎沒有比較嚴格的器用制度方面的規定，墓葬材料中亦很難找到實例。但在春秋戰國時期，可以看到蜀地有了一些器用制度方面的嘗試，在等級明顯不同的墓葬中，似乎器用也存在一些區別。按器物來源的不同，可區分為本地風格器物與外來風格器物兩類。

金沙星河路 M2722，為雙人合葬墓，但南側的人骨並無隨葬器物，17 件隨葬器物均屬於北側的墓主人。17 件隨葬器物包括戈、劍、矛各 5 件，以及 2 件磨石。從簡報的描述來看，三類兵器的形制基本一致，可能是專門為下葬而製作的成組銅器。戈、劍、矛各 5 件的組合方式較為規整，明顯是有意為之，可能是當時器用方式的一種體現。

金沙星河路 M2725，也為雙人合葬墓，兩具人骨附近均有隨葬器物。該墓也存在以 5 為基數的組合方式。其中矛為 16 件，劍和戈各 15 件。這些器物分佈在兩具棺中，每一類器物的形制大體接近。如簡報公布的兩件矛 M2725 西：1 和 M2725 東：21 就是相同的，這說明合葬的兩具人骨確實是一同安葬的。若戈、劍、矛這三類兵器均是以 5 為基數的組合方式，那麼矛可能有 1 件的形制與其他的 15 件有所差異。總之，M2725 的這幾件兵器基本是符合某種規範的。

成都京川飯店 M1，被嚴重破壞，出土器物可能並非原貌。其中銅戈和矛各 5 件。推測該墓完整的組合中，應該存在其他類器物也為 5 件的情況。

上述幾座墓中，本土風格的器物均呈現出以 5 為基數的數量組合，而尚五本身是蜀地本土的一種習俗，說明當時部分人群試圖構建以 5 為基數的數量組合的器用制度。

在楚或中原文化區，鼎始終處於器用制度的核心地位，成都平原外來風格銅器的器用制度，也很可能與鼎有關。以下嘗試將隨葬銅鼎的墓葬進行梳理，探討可能存在的組合關係（表 7-8）。

〔註23〕梁雲：《周代用鼎制度的東西差別》，《考古與文物》2005 年第 3 期；張聞捷：《試論楚墓的用鼎制度》，《江漢考古》2010 年第 4 期。

表 7-8　成都平原隨葬外來風格銅器的主要墓葬中的銅器組合

墓　　葬	外來風格銅器	本地風格銅器	組合完整性
新都馬家 M1	鼎 5、甗 2、敦 2、壺 5、尊缶 5、浴缶 2、鑒 2、盤 2、匜 2、豆 2、勺 2	圈足豆 5、三足盤 5、釜 5、鍪 5、罍 5、甑 2	完整
綿竹清道 M1	鼎 4、敦 3、圓壺 3、方壺 1、尊缶 1、豆 2	尖底盒 5、釜甑 1、釜 1、鍪 1	不完整
成都羊子山 M172	鼎 3、甗 1、浴缶 1、盤 5、匜 3、盉 1	釜 5、甑 1	不完整
成都無線電學校 M2	鼎 3、壺 1、豆 1	尖底盒 2、釜 1	不完整
青白江雙元村 M154	鼎 1、甗 1、尊缶 1、盤 1、匜 1	無	完整
成都青羊宮 M1	鼎 1、敦 1、壺 2、尊缶 1、匜 1	鍪 4、尖底盒 2	完整
成都金沙巷 M2	鼎 1、敦 1、壺 1、盤 1、豆 1	鍪 2	完整
成都百花潭 M10	鼎 1、壺 1、勺 4	甑 1、鍪 2、尖底盒 2	完整
成都石人小區 M9	鼎 1	甑 1、鍪 3	完整
成都青羊小區 M1	鼎 1、銅勺 1	罍 1	不完整
成都文廟西街 M1	壺 1、簋 1、敦 1、盤 1	釜 1、尖底盒 1	不完整
蒲江飛龍村 06M2	尊缶 1、敦 1	鍪 1、釜 1、洗 1	不完整

　　從表 7-8 中可看出，隨葬銅鼎的數量有 1、2、4、5 件的不同，以隨葬 1件的為主，隨葬 3 件鼎的有 2 座墓，隨葬 4、5 件鼎的均只有一座墓。隨葬 5件鼎的馬家 M1，出土銅容器的數量是所有墓葬中最多的，隨葬 4 件鼎的清道M1 則是銅容器數量第二的。而隨葬 1 件鼎的大多數墓葬，與之伴出的其他銅容器數量多為 1 件。

　　從表 7-8 還可以看出，新都馬家 M1 的銅容器數量組合非常有規律，基本上是以 2 或 5 為基數的組合方式。以 5 為基數基本上是本地的傳統，而以2 為基數則是楚文化墓葬的典型特徵。戰國時期，低等級楚墓中的組合一般均為偶數制，且同一種器物一般為 2 件。高等級墓葬的情形較為複雜，其中升鼎、簋的組合方式保持了西周以來中原的舊制，如「九鼎八簋」、「五鼎四簋」等，這是楚地貴族對中原舊禮的一種堅持，僅存在於等級非常高的楚系

墓葬中，如曾侯乙墓等。其餘的楚式銅器多為偶數制的組合。從春秋中晚期的河南下寺楚墓，至戰國中晚期的湖北包山楚墓、望山楚墓，楚墓中銅禮器（容器）、仿銅陶器的數量基本是以 2 為基數的「偶數制」。

新都馬家 M1 外來風格的器物大多與楚文化有關，其組合除鼎（圖 7-29）〔註24〕、壺、尊缶之外，均為 2 件，如銅豆（圖 7-28）〔註25〕，比較符合楚地的器用方式。而本地風格的銅器如釜、鍪等，則全為 5 件，其餘還有很多兵器或工俱如鑿、削等，數量大多為 5 或 5 的倍數（圖 7-30）〔註26〕。從器物組合來說，鼎、敦、壺為核心，配以尊缶、浴缶、盤、匜等器類，也符合楚地的器類組合。因此，馬家 M1 的組合分別秉承了楚地傳統和蜀地傳統，組合較整齊、規整，明顯是有意為之的一種禮儀安排。

圖 7-28　新都馬家 M1 兩件銅豆

（圖片採自：《盛筵──見證〈史記〉中的大西南》，第 49 頁圖版）

圖 7-29　新都馬家 M1 五件銅鼎

（圖片採自：《盛筵──見證〈史記〉中的大西南》，第 44～45 頁圖版）

〔註24〕重慶中國三峽博物館：《盛筵──見證〈史記〉中的大西南》，成都：四川美術出版社，2018 年，第 44～45 頁。

〔註25〕重慶中國三峽博物館：《盛筵──見證〈史記〉中的大西南》，成都：四川美術出版社，2018 年，第 49 頁。

〔註26〕四川省博物館：《巴蜀青銅器》，成都：成都出版社，1993 年，第 33、38 頁。

圖 7-30　新都馬家 M1 銅工具

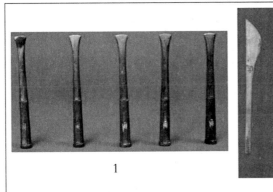

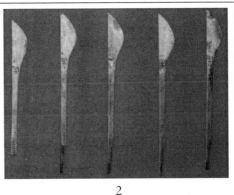

1.鑿　2.削

（圖片採自：1.《巴蜀青銅器》，第 38，圖四五；2.《巴蜀青銅器》，第 33 頁，圖三六）

　　而其餘的幾座墓葬中，部分墓葬的組合器類較為完整，如綿竹清道 M1、成都青羊宮 M1 及成都金沙巷 M2，均有鼎、敦、壺的核心組合以及其他器類。部分墓葬常見甗，以鼎、甗為核心，如成都羊子山 M172 及雙元村 M154 等。雖然部分墓葬核心器類較為完整，但數量關係的規律性不強，既不遵守偶數制，也看不出其他的組合方式。只是在鼎為 1 件的墓葬中，其他器類也常為 1 件，如青白江雙元村 M154、成都金沙巷 M2 等。這幾座墓葬外來風格器物的組合不甚規範。雖然隨葬外來風格銅器的墓葬較多，但大多隨葬的數量不多，且組合不全，似有拼湊之嫌。

　　從以上分析可知，等級最高的馬家 M1 具有較規範的組合方式，是一種制度化的器用方式；而其餘等級較高的墓葬，組合器類不全，數量也不符合楚式或本地的某種規範，器用方式顯得較為隨意。當然，以偶數制為核心的楚式器用制度似乎也是等級差異的一種表現，僅等級非常高的墓主人才能使用。

　　從表 7-8 中還可以注意到綿竹清道 M1 和成都羊子山 M172 等墓葬中仍然存在本地風格銅器的數量以 5 為基數的情況。這說明以 5 為基數的蜀地傳統仍然非常具有生命力。

　　新都馬家 M1 銅器組合情況說明，蜀人尚楚，除了在器類組合上盡力向楚地靠近之外，在組合的數量上也儘量與楚人保持一致。但蜀地上層在模仿楚地禮儀的同時，也推動以 5 為基數的本土器物使用方式的復興。馬家 M1 楚式偶數制使用在楚式器物上，本地尚五習俗也僅用於本土兵器及工具等器物，兩者

區分明顯。這暗示蜀地上層在本土禮制復興的過程中，仍然對楚禮高度認同，以此來顯示自身崇高的社會地位〔註27〕。

從以上討論的情況來看，蜀地本身存在較為濃厚的尚五習俗，較多器物是 5 件或 5 的倍數，其使用範圍一般是本地風格的容器、兵器和工具等。本地的器用傳統一直從西周早期的彭州竹瓦街窖藏延續至戰國時期，具有非常頑強的生命力。尤其是馬家 M1 大量存在以 5 為基數的組合方式，說明蜀地上層曾經試圖恢復尚五的習俗，並可能嘗試將其制度化。

而以楚地和中原式為核心的外來風格銅器，其組合則盡力與楚地保持一致，無論是在器類還是數量關係上，均是如此。但僅有少數如馬家 M1 等級別非常高的墓葬，才基本符合楚地的傳統，其餘墓葬的組合均不甚規範，而大量的墓葬中的大部分器類均只有一件。這顯示出楚地的禮制規範在蜀地並不嚴謹，而且似乎只有最高等級的墓主才能使用楚地的禮制規範。

高等級墓葬之間外來銅器的組合和數量的差異，顯示出這些墓葬存在一定的等級序列。表 7-8 中的墓葬中，新都馬家 M1 等級最高，綿竹清道 M1 次之，青白江雙元村 M154 再次。這些墓葬之間大概存在三級等級差異。而這種等級差異，可以較容易地從外來銅器的組合齊全程度、數量的多少辨識出來，這說明蜀地存在一定的器用規定。即雖然自身使用楚地的禮制不夠規範，但本地社會上層仍然試圖將不完善的規範融入本地貴族的喪葬禮制中。等級較高的墓葬，器類較為完整，組合較為嚴謹；等級其次的墓葬，器類不完整，組合較為鬆散。而一般的墓葬，則只能零星使用外來風格的銅器。

春秋戰國時期，蜀地上層始終徘徊在本土的尚五習俗與外來的楚式禮制之間，兩者之間產生了嚴重的對立。蜀地上層曾試圖在戰國時期復興本土禮制，卻又不願擺脫楚式的禮制規範的誘惑，最終也沒能形成一套健全的器用制度。這大概也是蜀地較楚乃至北方的三晉、東部的燕齊等文化區最大的區別（圖 7-31），沒有形成自身的器用制度，也就沒有建立一套禮制規範，從而在心理上落後於中原地區。

〔註27〕田劍波：《四川新都馬家戰國木槨墓隨葬品分析》，《文博學刊》2021 年第 4 期。

圖 7-31　成都平原本土與外來器用方式的對比

	特征	時代			主要對象	等級差異
本土	尚五	西周	春秋	戰國	本地容器、兵器和工具	不明顯
外來 (以楚為代表)	偶數制			戰國	外來銅容器	等級較高者，數量較多

（二）高等級船棺墓的禮制表達

在第二期中，船棺墓是本地文化的代表，這類墓葬的等級的體現方式可能與其他墓葬有所不同。這類墓葬也隨葬外來文化的器物，如青白江雙元村 M154，所有外來文化的器物均放置在腰坑中，與其他本地風格的器物截然分開，顯得異常珍貴。但成都商業街墓地中全為船棺，且等級較高，其隨葬的器物呈現出自身的特徵。

成都商業街墓地中，隨葬器物主要是由陶器和漆木器組成。在關於布局的分析中，G1、G2、G15、G16、G17 為一組，G8-G12 為一組。這兩組是墓地中最主要的兩組，G1 這一組中，G1 和 G2 為等級較高的兩座墓，其餘為較低等級；G12 這一組中，G12 為較高等級，其餘為較低等級的墓葬。在 G1 這一組中，G1 和 G2 隨葬大量陶器和漆木器，還有少量的銅器，但無銅容器，另外三座墓則僅有少量陶器。陶器如前所述，種類不多，但具有高度的一致性。而且這些陶器製作精細，與成都平原東周時期陶器普遍粗糙的風格區別相對明顯。漆器種類豐富，主要是生活用器，但製作精美，尤其是紋飾較為華麗。G1 和 G2 的高等級主要體現在陶器組合的一致性以及漆器的數量和高質量（圖 7-32）。G12 這一組中，由於 G12 被破壞嚴重未發現隨葬器物，但其他的幾座墓均以陶器為主，G8 和 G11 中出土了少量漆器，因此，G12 原本應隨葬較多器物。

成都商業街 G1 等墓葬的等級在目前發現的船棺墓中，基本上是最高的，僅青白江雙元村 M154 能與之媲美。整個船棺墓地的等級也是目前發現的最高等級船棺墓地。但所有墓葬中僅出土極少量的銅工具和兵器，未發現銅容器〔註28〕，尤其缺乏外來風格的青銅容器，這在成都平原高等級墓葬中是較

〔註28〕成都商業街墓地被盜，但由於其墓葬多達 17 座，若原本墓中有銅容器，不大可能所有銅容器全部被盜，極有可能是原本就未隨葬銅容器。

為特殊的。上述高等級墓葬均隨葬有青銅容器，尤其是外來風格的青銅器。蜀人常以外來風格的銅器來顯示自身身份的尊貴，這一點幾乎為學界共識。但成都商業街墓地如此高規格的墓葬卻以本土陶器和漆器的組合來隨葬，當然不是墓主人無法接觸到外來風格的銅器，可能是該人群自己選擇。

目前發現的船棺墓地，僅有商業街墓地一處，說明這是本地蜀人貴族的一處合葬墓地。該墓地嚴格地獨立在其他非船棺墓葬之外，可能就是為了體現自身的身份。因此，該群體在隨葬器物方面，也堅持使用本土風格的陶器為主。至於漆木器，雖然該階段楚地漆器更為盛行，但商業街墓地中的漆器在形制和紋飾上均與之存在較大的區別，尤其是紋飾，主要是模仿了中原和楚地銅器上的動物形紋飾等〔註29〕，將外來的銅器紋飾融合在漆器之中，說明蜀人是希望將原本仰慕的外來文化融合進本土文化的努力。蜀人希望將這些漆器作為本土文化的代表用於隨葬，而非作為外來文化的體現。總之，商業街墓地的特殊隨葬習俗說明，該群體努力塑造蜀地自身的禮制規範，摒棄外來器物，代之以本地的特色器物，塑造自身的高等級喪葬規範。但這種努力似乎很難抵抗蜀人對楚文化等域外文明的嚮往，並未深刻地影響到整個蜀地的上層社會。

如前所述，新都馬家 M1 存在本土和外來兩套器物組合，且均試圖按照各自的規範來隨葬。這是當時蜀地絕大部分貴族的心理，既要堅持自身的特色，也要以外來風格的器物來顯示自身的高貴身份，始終對外來文化存在高度的認同心理，無法擺脫其影響。但成都商業街船棺的特例說明蜀地上層社會在高等級墓葬禮儀的規範上，存在著本土化的傾向，這與外來風格的禮制形成了一種二元對立的格局，本土化的禮制處於弱勢。

〔註29〕江章華、顏勁松：《成都商業街船棺出土漆器及相關問題探討》，《四川文物》
　　　　2003 年第 6 期。

圖 7-32　成都商業街墓地 G2 出土陶器和漆器

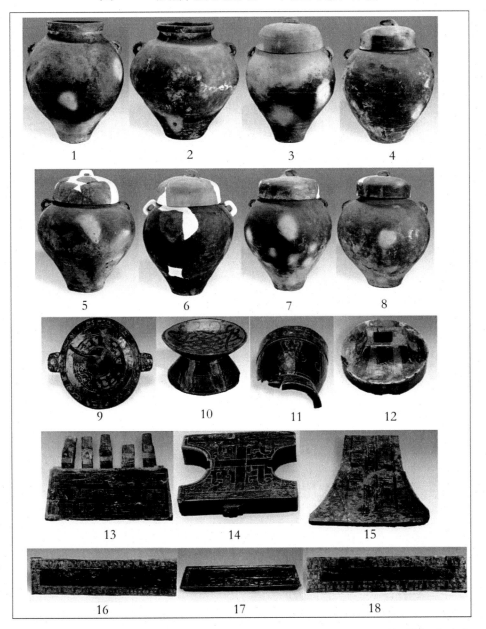

1～8.陶甕（G2：27、41、42+43、37+40、46+38、44+87、31+52、48+53）　9.漆盒（G2：28）　10.漆豆（G2：30）　11.漆籃（G2：23）　12.漆器座（G2：16）　13、17.漆案構件（G2：13、9）　14 漆床足（G2：6）　15.漆幾足（G2：21）　16、18.漆俎（G2：36、49）

（圖片均採自《成都商業街船棺葬》，圖版二四、二五、二七、二八、三〇、三二、三三、三四、三五、三六、三七、三八、三九）

二、隨葬器物的復古

春秋戰國時期，中原地區墓葬中的隨葬器物存在較為明顯的復古傾向，尤其是戰國時期的復古風潮幾乎席捲中原、燕齊和楚地。這些地區的復古通常是模仿西周、春秋時期的銅器的外形乃至裝飾，其目的是試圖復興這些器物所代表的禮制。蜀地上層所處的成都平原，某些時代較早的文化因素，直到較晚的時段，都還有保存和流傳。

（一）銅罍

罍在蜀人看來，似乎有著特殊的含義。商代的三星堆、金沙遺址就出土了大量的銅罍。西周早期的竹瓦街窖藏又出土了多件銅罍，且兩處窖藏銅罍均為5件的組合。西周中晚期的金沙遺址中，也出土有1件銅罍的模型器。戰國時期，成都青羊小區 M1 和新都馬家 M1 均出土了銅罍，其中馬家 M1 為 5 件，青羊小區 M1 為 1 件。成都南郊也曾出土一件〔註30〕，可能出自於墓葬中（表7-9）。馬家 M1 和青羊小區 M1 罍的形態造型基本一致，紋飾也大體相同，肩部裝飾渦紋和龍紋，腹部飾三角形蟬紋（圖 7-33，2、3）。雖然這兩座墓均為戰國時期的墓葬，但這種形態的罍卻是中原地區西周時期的典型風格，如陝西鳳翔 1973 年出土的銅罍〔註31〕以及陝西扶風齊家 1960 年銅器窖藏出土的 2件銅罍（圖 7-33，1）〔註32〕，它們的形態和紋飾均與之非常接近，相同的罍還包括茂縣牟托一號石棺墓 K3：6（圖 7-33，4）〔註33〕。而成都南郊的罍（圖7-33，5），造型和紋飾與馬家罍略有區別，與茂縣牟托 M1：172（圖 7-33，6）〔註34〕、內蒙古寧城小黑石溝 M8501：4（圖 7-33，7）〔註35〕以及湖南湘陰出土的罍比較接近。小黑石溝 M8501 為春秋時期，牟托 M1 和成都南郊為戰國時期，說明成都罍可能模仿了更早時期的銅罍。

〔註30〕田劍波、左志強、周志清：《試論金沙遺址出土早期銅戈》，《江漢考古》2018年第 4 期。

〔註31〕曹明檀、尚志儒：《陝西鳳翔出土的西周青銅器》，《考古與文物》1984 年第 1 期。

〔註32〕陝西省考古研究所、陝西省文物管理委員會、陝西省博物館：《陝西出土商周青銅器（二）》，北京：文物出版社，1980 年，第 160、161 頁。

〔註33〕茂縣羌族博物館、成都文物考古研究所、阿壩藏族羌族自治州文物管理所：《茂縣牟托一號石棺墓》，北京：文物出版社，2012 年，第 89 頁。

〔註34〕茂縣羌族博物館、成都文物考古研究所、阿壩藏族羌族自治州文物管理所：《茂縣牟托一號石棺墓》，北京：文物出版社，2012 年，第 29 頁。

〔註35〕赤峰市博物館、寧城縣文物管理所：《寧城小黑石溝石槨墓調查清理報告》，《文物》1995 年第 5 期。

表7-9　部分墓葬出土銅罍情況

墓　葬	數　量	大　小
新都馬家 M1	5	一致
成都青羊小區 M1	1	／
成都南郊	1	／

圖 7-33　成都平原銅罍與相關銅罍的對比

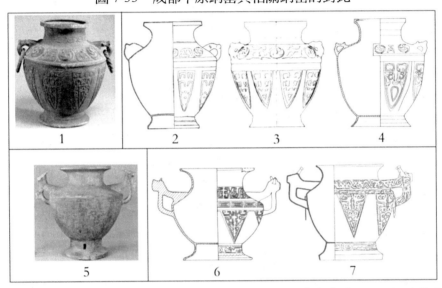

1.扶風齊家 1960 年窖藏出土　2.新都馬家 M1 出土　3.成都青羊小區 M1　4.茂縣牟托 K3：6　5.成都南郊出土　6.茂縣牟托 M1：172　7.寧城小黑石溝 M8501：4

（圖片採自：1.《中國青銅器全集·西周 1》，圖一七九；2.《文物》1981 年第 6 期，第 14 頁，圖三○；3.《文物》1989 年第 5 期，第 33 頁，圖四：4；4.《茂縣牟托一號石棺墓》，第 89 頁，圖九○；5.《江漢考古》2018 年第 4 期，第 72 頁，圖八：1；6.《茂縣牟托一號石棺墓》，第 29 頁，圖一五；7.《文物》1995 年第 5 期，第 8 頁，圖六：2）

　　新都馬家 M1、成都青羊小區 M1 以及茂縣牟托 K3 等戰國銅罍，明顯是模仿了西周前期的罍的造型及紋飾，甚至基本複製了原本的形態。這再次反映出銅罍在蜀人心中的崇高地位。三星堆遺址、金沙遺址以及彭州竹瓦街窖藏中的銅罍，是當時統治階層才能擁有的稀有器物。銅罍是權力、社會階層的象徵，也是蜀人社會中禮制的象徵。而馬家 M1 等級極高，說明使用復古的銅罍，是等級的一種標誌。而且新都馬家 M1 罍為 5 件，與竹瓦街窖藏的組合保持一致，明顯是有意而為之。新都馬家 M1 罍的形制及組合方式，均嚴格地依照了蜀地古制，顯示出戰國時期蜀地上層社會試圖恢復尚五的本土禮制的努力。

　　綜上，成都平原銅罍形制的復古傾向以及 5 件的組合方式，暗示了蜀地上層始終對尚五的習俗念念不忘，並試圖將這種習俗變為一種與高等級、顯赫身份聯繫起來的器用制度。銅罍在戰國時期的再現實際上暗含了本地禮制復興的努力，而非僅僅是形式上的復古。

　　在巴蜀符號中，罍形符號「♣」也是較為常見的一類符號，常與「⌒」、「≋」兩個符號組成組合，「♣⌒≋」組合形態為♣。此類符號組合共 9 件，第八段 8 件，第九段 1 件。載體均為銅器，包括矛 3 件、戈 3 件、劍 2 件、豆 1 件。這類符號也存在簡化的形式，簡化通常無「≋」符號，如什邡城關 M52：6 銅劍符號為「🐟🐟🎏⌒♣」。在青白江雙元村 M154 的骨印章中，其中四枚印章的背面均包含了罍的立體造型。印章的造型和符號中均有罍的元素，說明罍在蜀地人群的心理上佔據著重要位置，也是遵循舊制的一種反映。

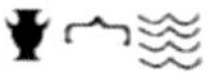

（二）三角援戈

　　三角援戈（甲 Cb 型）在成都平原頗為常見，是成都平原銅兵器的典型器物之一。這些銅戈的形制從春秋至戰國幾乎保持了一致，未有明顯的改變。較早的如金沙國際花園 M940、M943 出土的戈，在之後的金沙黃河 M533、綿竹清道 M1、成都金沙巷 M2、新都馬家 M1 等墓葬中均出土有此類銅戈（圖 7-34）。在戰國早中期的墓葬中，三角援戈幾乎成為標配。而這些銅戈的形制幾乎沒有變化，僅僅在裝飾上有所差異。

圖 7-34　成都平原三角援銅戈

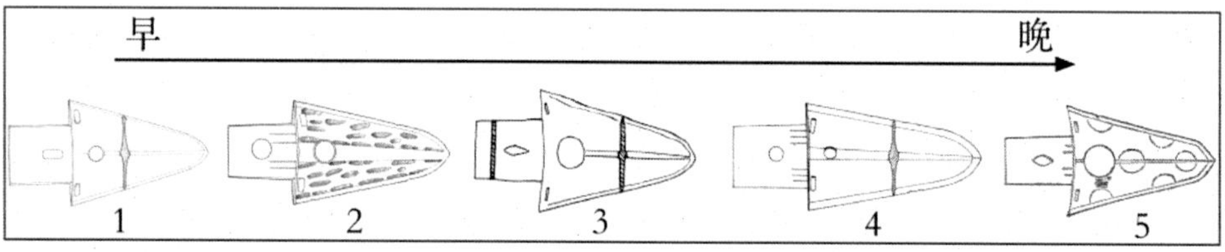

1.金沙國際花園 M943：1　2.金沙黃河 M535：3　3.綿竹清道 M1：111　4.成都金沙巷 M2：12　5.新都馬家 M1 出土

（圖片採自：1.《成都考古發現》（2004），第 144 頁，圖二四：1；2.《成都考古發現》（2012），第 210 頁，圖四二：1；3.《文物》1987 年第 10 期，第 28 頁，圖一一：15；4.《文物》1997 年第 3 期，第 22，圖二五：2；5.《文物》1981 年第 6 期，第 15 頁，圖三八：1）

　　三角援戈在西周早期的陝西寶雞竹園溝 M3 等墓葬中就已經有出土〔註36〕，

―――――――

〔註36〕盧連成、胡智生：《寶雞強國墓地》，北京：文物出版社，1988 年，第 255 頁。

是起源於中原地區的一類銅戈。同為西周早期的彭州竹瓦街銅器窖藏中也出土了三角援戈〔註37〕。成都平原後來出現的此類銅戈應該是受到了中原地區的影響，然後逐漸傳承下來的，形制幾乎完全保持了西周早期的風格，未做任何改變。

因此，這類三角援戈雖然是源自於中原腹地，但在成都平原卻逐漸流行起來，至戰國時期達到頂峰。戈的形制保持了西周早期的風格，即所謂的文化滯後性。但這種文化滯後卻使得三角援戈成為了蜀人的一種極易辨認的特殊器物，也因此成為本地文化傳統的代表性器物。

三角援戈跨越時空的流行，代表了蜀人某些特殊的心理認同。這種認同與銅罍是一樣的。這些器物早已不是單純的銅器，而是蜀人社會認同的文化符號。

成都平原出土的諸多兵器都存在復古守舊的傾向，三角援戈僅僅是其中較為極端的代表。其他如無胡直內銅戈，在中原地區主要流行於商代和西周，但在綿竹清道 M1 等戰國墓葬中仍然有出土，形態上並無太大變化。其他如柳葉形劍，從西周至戰國時期，其形態上的變化也不太明顯，也是另一種方式的守舊。

（三）銅器風格的復古

除了上述以罍為代表的一些器物在整體特徵上復古外，蜀人還有一些器物僅在某些風格特徵上表現出復古傾向，並可見不同時代的風格特徵集於同一件器物上的現象。這種現象主要出現在戰國時期出土外來風格器物的墓葬中。

新都馬家 M1 出土了大量的外來風格銅器，但這些銅器並非呈現出同一時期的風格。該墓出土的 5 件銅鼎中，有 4 件形制相同的簡報稱為「仿邵之食鼎」，刊布的 1 件，其器形、紋飾與楚地的邵之食鼎均不一致，其器身更加低矮、蓋隆起稍高、足略矮，腹部飾變形蟠螭紋。楚地的這類蟠螭紋流行於春秋晚期到戰國早期，戰國中期偏早的湖北隨州擂鼓墩 M2：53 𦉜上還有其簡化形態〔註38〕。因此，「仿邵之食鼎」並非真正仿邵之食鼎而作，而是綜合楚地戰國中期子口鼎的形態和春秋晚期至戰國早期的蟠螭紋新作的。馬家 M1 的這 4 件蟠螭紋鼎紋飾風格早於器形，具有明顯的「復古」傾向。

〔註37〕王家祐：《記四川彭縣竹瓦街出土的銅器》，《文物》1961 年第 11 期。
〔註38〕隨州市博物館：《隨州擂鼓墩二號墓》，北京：文物出版社，2008 年，第 53 頁。

新都馬家 M1 出土的 II 式甗的頸部裝飾為變形蟠螭紋，可能借鑒了戰國早期的楚式蟠螭紋，如曾侯乙墓 C96 鑊鼎、C123 簠等〔註39〕。且馬家 M1 II 式甗為立耳，而戰國中期流行附耳，也呈現出略早的風格。總之，這件甗的紋飾紋樣呈現出較器形更早的風格。

新都馬家 M1 浴缶上腹部和器蓋間飾渦紋和蟠螭紋，與河南淅川和尚嶺 M2：85 缶的腹部紋飾幾乎完全一致〔註40〕。無論是器形還是紋飾，馬家 M1 的兩件浴缶都有濃厚的春秋晚期楚式風格。但缶雙耳附有提鏈，則與戰國早中期的風格接近，如隨州曾侯乙墓 C189 缶〔註41〕。推測馬家 M1 這兩件缶是戰國早中期，蜀地本地模仿楚地春秋晚期缶而作。

新都馬家 M1 鑒的形態具有戰國中期的楚式特徵，而蟠螭紋、變形蟬紋等紋飾則具有春秋晚期至戰國早期的風格，此時楚地銅器上多見變形蟬紋，如河南淅川徐家嶺 M9：26 鑒〔註42〕，在紋飾風格上與馬家 M1 鑒頗為相似。

馬家 M1 出土的外來風格的銅器，在裝飾上均體現出較為濃厚的春秋晚期至戰國早期的風格，而器形則往往為戰國早中期的特徵，其紋飾與器形並不對應，顯示出某種矛盾。這種現象直至戰國晚期的楚地都還有體現，如戰國晚期的成都羊子山 M172 出土浴缶仍為春秋晚期至戰國早期的風格。

上述外來銅器尤其是與楚文化相關的銅器在紋飾上存在的復古風格，暗示了蜀人對楚式器物在心理上的認同和推崇。這種認同甚至持續到了戰國晚期，楚國被秦滅之後。而蜀人持續接受楚文化的影響，肇始於春秋中晚期，大約在春秋晚期至戰國早期達到高峰，蜀人因此對這一時期楚地的銅器風格頗為注重，因而成為上層模仿的對象。

上述銅罍和三角援戈均源自於中原地區，然後被蜀人吸收並推崇，逐漸成為自身文化特徵的代表。對於罍的推崇，大概源自於商代晚期的三星堆人群，並一直延續至戰國時期。無論是形制還是組合方式，均保持了西周早期的風格。三角援戈大約也呈現出類似的情況，並且在戰國墓葬中非常普遍，一般隨葬兵器的墓葬都有出土。相對而言，與其他兵器一樣，無特定的身份屬性。而

〔註39〕湖北省博物館：《曾侯乙墓》，北京：文物出版社，1989 年，第 180、210 頁。

〔註40〕河南省文物考古研究所、南陽市文物考古研究所、淅川縣博物館：《淅川和尚嶺與徐家嶺楚墓》，鄭州：大象出版社，2004 年，第 44 頁。

〔註41〕湖北省博物館：《曾侯乙墓》，北京：文物出版社，1989 年，第 239 頁。

〔註42〕河南省文物考古研究所、南陽市文物考古研究所、淅川縣博物館：《淅川和尚嶺與徐家嶺楚墓》，鄭州：大象出版社，2004 年，第 186 頁。

出土罍的墓葬均是等級較高的，尤其以新都馬家 M1 最為顯赫。罍因此也成為蜀人復興本土禮制的代表性器物。

另一種不太明顯的復古風潮，則是外來銅器的裝飾風格。常常見到較晚的器形與較早紋飾的結合，而紋飾大多與春秋晚期至戰國早期的楚地密切相關。這反映出蜀人對這一時期楚文化的推崇，這也與楚文化的擴張時段有關。這種復古大約代表了蜀人在心理上對外來文化的推崇，尤其是對外來器物所代表的禮制的推崇。

本土的守舊與外來的復古風潮，實際上代表了蜀人對於器物所代表的器用制度也就是禮制的追求。蜀地上層社會一直試圖建立一套自身的禮制，而墓葬中的器用制度則是其重要組成部分。一方面，蜀人堅持自己的傳統，將一些形制古老的器物作為重要的隨葬器物甚至禮制的代表。另一方面，蜀人自春秋中晚期以來，對外來的楚文化極力推崇，甚至在戰國中期以後，還模仿著楚地春秋晚期至戰國早期的一些裝飾風格，因而在裝飾上呈現出復古的風格。器物形制的復古和守舊與前面討論的器用制度中尚五與外來偶數制的對立是一脈相承的，都反映了蜀人在重塑自身禮制時的矛盾心理。

第六節　小結

本章主要對墓向、葬式、隨葬器物的空間分布以及一些特殊喪葬習俗進行了分析。

在墓向方面，成都平原商周墓葬主要存在西北—東南向和東北—西南向兩種方式，且早期主要以西北—東南向居多，晚期則東北—西南向佔據主流。墓向作為具有獨特地域特徵的習俗，可能與當時人群的某些地理、方位觀念有關。而成都平原先前時期的主要建築方向的中軸線可能與墓向的習俗存在關聯。

在葬式上，戰國以前呈現出多元化的特徵，單人一次葬、單人二次葬以及雙人或多人合葬等多種埋葬方式反映出社會多元包容的特徵。戰國早期以後，幾乎僅存單人一次葬，埋葬方式逐步單一化。葬式的同質化，暗示社會在某種程度趨於規範化。

墓葬內部的隨葬品放置方面。在春秋以前，隨葬器物的數量不多，甚至很多墓葬無隨葬器物。隨葬器物主要是陶器和石器等。一般而言，陶器放置在頭或腳的一端，而石器則放置在胸部、腹部等距離人身體較近的位置。這是因為

陶器和石器（主要是磨石）對於墓主人來說，其含義可能有所區別。這說明蜀人很早就已經有意識地將不同性質或功能的器物分開放置。春秋至戰國中期，葬具以船棺為主，大部分器物放置在棺室內部。由於空間狹小，器物放置常常較為緊湊。但容器和其他器物分開放置則是基本的原則，容器常常放置在兩端或者四周，而銅兵器、工具等則置於距墓主人更近的位置。容器中陶器和銅器的地位則比較接近，二者在喪葬活動中的功能是一致的。戰國晚期至漢初，葬具從船棺向木棺轉變，隨葬器物的布局則發生了一些變化，大體上容器和其他器物仍然分開放置，並且容器常常放置在專門的頭廂位置，而一些小型的貼身之物則放置在墓主人身旁。

從早到晚，墓室內隨葬器物的分布格局不斷細化，時代越晚，器物的位置顯得越重要。對於墓主人有不同含義的器物放置在不同的位置，以營造墓主人地下世界的禮儀和生活空間。

一些大型的高等級墓葬，器物的位置已經是喪葬禮儀的重要組成部分，隨葬器物不僅僅是陪葬，更重要的是營造墓主的地下世界。因此，墓主人的生活用器和珍貴的禮器常常是分開放置的，用於區分墓主人地下世界的生活場景和禮儀場景。大型墓葬由於空間的增大，不同功能的器物之間位置的區隔更加明顯，更加不易混淆，這也是喪葬禮儀的更高要求。

從隨葬品的位置出發，銅鉞在地下世界仍然可能充當的是兵器的角色，而非工具，這與其在現實生活中的功能可能是不同的。而部分小的模型器，可能與實用器的性質存在較大的差別，兩者的位置截然不同；但那些較大的模型器，在喪葬活動中的含義則與實用器並無區別。

成都平原商周墓葬存在一些較特殊的葬俗，如隨葬玉石條、磨石、朱砂、動物骨骼和附設腰坑等，隨葬玉石條流行於晚商至西周早期，隨葬磨石流行於西周早中期至春秋中期，隨葬朱砂和動物骨骼流行於春秋時期，腰坑則流行於戰國早中期，反映出不同時代背景下的喪葬習俗的差異。這些葬俗均與墓主人的社會身份存在關聯，玉石條的墓主人可能為神權社會下的技術精英，磨石的墓主人可能與暴力群體軍人有關，而腰坑的墓主人一般為社會貴族。玉石條不與船棺共存，磨石、朱砂和動物骨骼與船棺高度共存，腰坑則是船棺逐漸式微背景下的產物，這樣的「巧合」暗示了本土社會變革過程中社會身份認同的變化。

在喪葬觀念方面，最主要是社會秩序塑造在墓葬上的最直接反映——器

用制度的構建。在商至西周時期，墓葬中並無較明顯和固定的器物組合方式，也幾乎不見器用制度的嘗試。到了春秋中期以後，蜀人嘗試建立自身的器用制度體系。一方面，由於對外來文化的推崇，試圖引入楚式以鼎為核心、以偶數制為基礎的器用制度體系，但實際的情況卻是除了少數等級極高的墓葬外，大部分墓葬器用組合併不完整，也不規範，較楚地或中原地區較成熟的器用制度還差距甚遠。另一方面，本地貴族仍然頑強地保留了本地尚五的習俗，試圖以此為基礎，建立一套本土的器用規範，器物的復古傾向正是這種背景之下的產物。最終，器用制度在二元對立和徘徊之中，也未能形成一套規範。

第八章　墓葬空間分析

　　本章將通過分析典型墓地內部不同時期墓葬的分布情況，來探討墓地的形成過程；並討論成都平原內不同時期墓地的分布情況。

第一節　墓地內部空間與形成過程

　　本節主要討論同一墓地之內墓葬的分布，著重考察墓地的形成過程。以下主要選取典型的墓地進行討論。

一、成都金沙春雨花間

　　成都金沙春雨花間墓地共有墓葬 17 座，均屬於第二段，大部分墓葬沒有隨葬器物，少量隨葬陶紡輪，僅 1 座墓隨葬有陶器。

　　17 座墓葬分布於發掘區的南部和東北部區域，墓葬所在區域與生活相關的遺跡如灰坑等較少，說明墓葬的選址可能有意識地避開了已知的生活區。

　　17 座墓葬的方向差異較大，中部的大部分接近正南北向，東北部的三座墓為西北—東南走向，南側的三座墓為西南—東北走向。雖然墓地中墓葬數量不多，但墓向差異較為明顯。從葬式上看，南側的 M401 和 M403 兩座墓，墓主為俯身葬，而其他明確的均為仰身葬。南側幾座墓的葬式和墓向均有別於其他墓葬，暗示其可能存在人群或家族的區別。

　　墓地中 M406 打破 M409，M409 打破 M410，M409 方向也為西南—東北走向，與 M406 和 M410 兩座墓不同，即墓向不同的墓之間存在打破關係，而同一方向的墓之間無打破關係。這也說明兩種墓向的墓葬存在某種差異，互相

之間不遵從對方的墓地布局安排。

　　總體而言，春雨花間墓地墓葬可分為北、中、南三組，其最大區別為墓向。三組相隔較遠，不存在相互干擾的情形。南邊的 M401、M403 兩座墓方向和葬式均不同，可能代表了人群的差異。中部三座墓之間的打破關係，其墓向也不相同，說明不同墓向很可能代表了人群之間的差異（圖 8-1）。

圖 8-1　金沙春雨花間墓地墓葬的分布

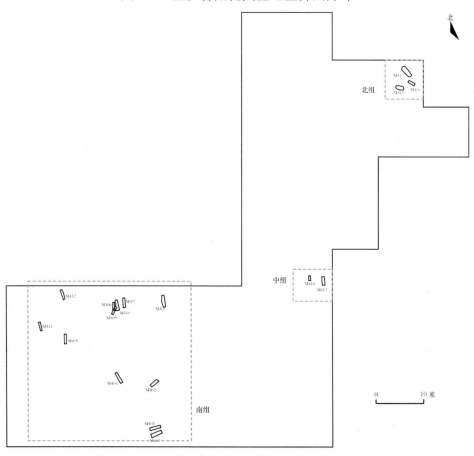

（圖片據《成都考古發現》（2004），第 220～221 頁，圖四、五改繪）

二、成都金沙陽光地帶

　　成都金沙陽光地帶墓地是目前金沙遺址發掘資料中公布數量最多、最完整的一處墓地。該地點公布了 288 座墓。由於該墓地發掘面積較大，公布資料較為詳盡，可視其為一處完整的墓地。

　　墓葬分佈在墓地的大部分區域，其中北部、東部較多，南部略少，但總體

較為均衡。墓葬可分為五個區域。A 區為最西側區域，B 區為中部偏北區域，C 區為中部區域，D 區為東部區域，E 區為東南區域。這五個區域墓葬較為密集，相互之間有一定的區隔。其中 B、C 兩區緊鄰在一起，是墓地中墓葬主要的分佈區，也恰好位於墓地的中間位置，其餘 3 個區分佈在其周圍。

墓地中墓葬數量多，相距較近，但打破關係極少，說明下葬者均遵循某種規律。墓葬絕大部分為西北—東南向，部分按照東北—西南走向排成列，較為整齊。這一現象與金沙遺址其他墓地情況類似。

墓地包括三個階段，分別為第二段至第四段。

第一期第二段共計 96 座墓葬，分佈在 A、B、C、E 四個區，D 區無墓葬分布，各區之間空間很大，分隔非常明顯。該階段墓葬基本無打破關係，墓葬基本為西北—東南向，僅 M487 等少數幾座墓為東北—西南向。墓葬大多數按東北—西南向進行排列，較為整齊、有序。

第一期第三段共計 180 座墓葬，分布於 5 個區之中，其中 B、C、D、E 等區分布較多，A 區較少。在 A、B、C、E 等第二段已有較多墓葬分布的區域中，該段的墓葬大多位於此前未有墓葬分布的空隙之中，以及各區域的周邊區域，以致各區之間的界限不甚明顯，B 和 C 區基本相連。本段和第二段的墓葬之間無打破關係。反而本段之中存在少數幾組打破關係。墓葬全部為西北—東南向，大部分墓葬也按照東北—西南走向排成列，分布有序。

第一期第四段共計 12 座墓，分佈在 B、D、E 三區，其中 B、D 區各一座墓，其餘均位於 E 區，較為集中。該階段墓地分布空間收縮明顯。E 區中的墓葬均位於此前墓葬的空隙之中。墓葬均為西北—東南向，亦按照東北—西南走向排成列，非常有序。

從以上的分析可以大致推測墓地的形成過程。第二段時，墓地開始形成，最初僅分佈在墓地的西部、中部及東南部的局部區域，排列較鬆散但非常有序。至第三段，繼續在西部、中部和東南部進行埋葬，主要分佈在空隙地帶，由於墓地原有空間不足，遂向東部開闢出新的一個區域用於埋葬。經過第三段的埋葬，逐漸形成了墓地各區域之間界限不明顯但排列有序的格局，墓地規模也進一步擴大。至第四段，墓地逐漸式微，大部分區域未用作墓地，僅剩東南的小區域用於埋葬，反映墓地使用群體的式微或墓地空間的壓縮（圖8-2）。

圖 8-2　金沙陽光地帶墓地墓葬的分布

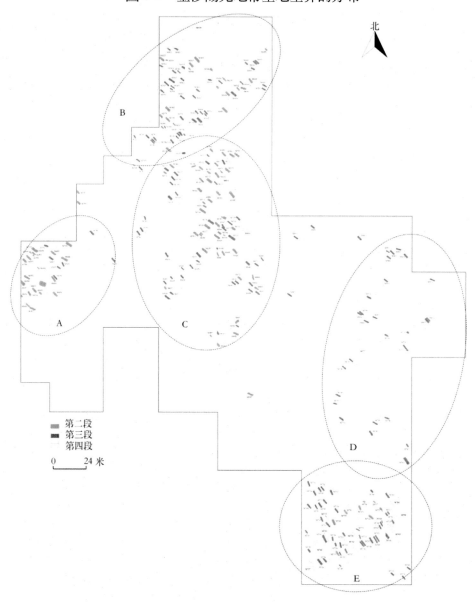

北

第二段
第三段
第四段

0 ── 24 米

A

B

C

D

E

三、成都金沙國際花園

　　成都金沙國際花園墓地年代跨度較大，從第一期第二段延續至第二期第五段。第二段僅 1 座墓 M825，且該墓與其他多數墓葬不在一個發掘區之中，故難以討論該墓與其他墓葬的空間關係，其餘為第三至五段。

　　整體而言，墓葬在整個發掘區均有分布，所有墓葬的方向也比較一致，絕大部分為西北—東南方向，僅 M954 一座接近正東西方向。

　　墓地存在三個小的區域，從西至東，分別以 A、B、C 區來表示。三個區均大體呈條帶狀，墓葬較為整齊地沿西南—東北走向排列。其中 B 區分布著該墓地的大多數墓葬，這些墓葬大體上排成較整齊的三列。A 區大體有兩列，其餘的較為分散。C 區僅 4 座墓葬，大體呈兩列。整體來說，墓地排列整齊、大部分墓葬按照西南—東北走向逐次排布。這樣的排列顯然是經過規劃的，絕大部分下葬者均遵守了這一規劃。

　　第三段的墓葬數量較多，分佈在 A、B、C 三個區域，排列整齊，均按照西南—東北走向排列，與墓地整體排列基本一致。存在一組打破關係，M954 打破 M955，其中 M954 的方向與墓地其他墓葬區別明顯。墓地有且僅有這一組不同墓向之間的打破關係，也暗示不同墓向代表了不同的人群。

　　第四段墓葬數量不多，見於 A、B、C 三個區域，主要分佈在 B、C 區，大體也呈西南—東北方向排列，較為整齊。本段墓葬有數座為長方形，而非第三段的狹長形，是較為明顯的區別。隨著時間的變化，墓葬形制也呈現一定的差異。

　　第五段墓葬數量很少，分佈在 A、B 兩區，大體呈西南——東北方向排列。第五段的墓葬基本上位於第三、四期的空地之中。

　　三段墓葬雖然時間跨度較大，但墓葬之間基本無打破關係，且距離較近。從第三段開始逐漸形成西南—東北向的帶狀排列方式，而第四、五段的墓葬基本上位於墓葬之間的空地上，最後才形成了較為完整的墓地格局（圖 8-3）。

　　這種長時段內墓葬分布的有序排列，且晚期下葬者能夠識別早期墓葬的存在，顯示出嚴格的規劃和管理制度。

圖 8-3　金沙國際花園墓地墓葬的分布

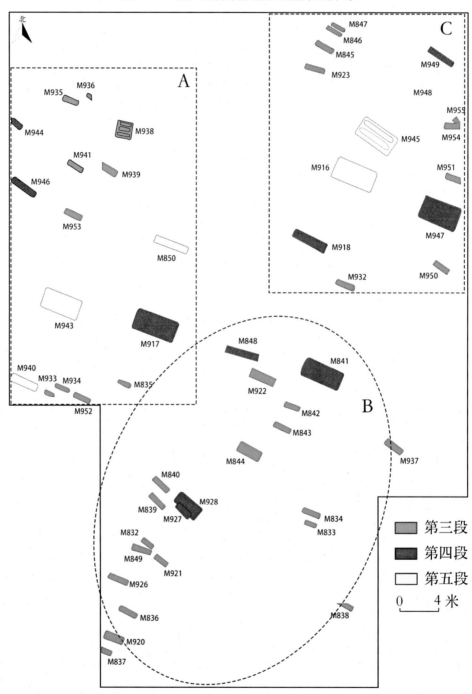

第三段
第四段
第五段

（圖片據《成都考古發現》（2004），第 130 頁，圖一〇改繪）

四、成都金沙黃河

成都金沙黃河地點發掘了大量墓葬，僅發表了其中的 16 座。墓葬主要分佈在發掘區的東北部的小區域內，西南角僅分布 1 座墓。墓葬之間無打破關係，整體分布規律不明顯，少數墓葬呈東北—西南走向排成一列，但由於墓葬數量較少，不甚明顯。多數墓葬集中在東北部的較小區域內。墓葬方向多為西北—東南向，少數為東北—西南向，有一座為近正東西向。

墓地墓葬年代跨度較大，從第四段至第七段。

第四段僅 2 座墓葬，分別分佈在東、西兩側較邊緣的位置，無明確的空間聯繫。2 座墓方向基本一致，均為西北—東南向。

第五段有 3 座墓葬，分佈在東、西兩側，與第四段基本一致，相隔較遠。3 座墓方向一致，均為東北—西南向，與第四段正好相反。

第六段有 6 座墓葬，主要分佈在中東部，西部有一座，較為集中，相距較近。其中 4 座墓葬大致呈東北—西南走向排成一列，顯示出較規整的排列。5 座墓葬方向為東北—西南向，僅西側的一座墓為西北—東南向。

第七段有 7 座墓葬，分布較為分散，東、西部及西南角均有分布。其中 3 座墓分佈在中間墓葬密集的區域，兩座並列的墓葬在西側邊緣。墓向不統一，中間集中分布的 3 座為東北—西南向，西側兩座疑似合葬的為西北—東南向，西南角的 M535 為近正東西向。方向較為接近的墓葬在空間上也更為集中，體現了一種人群的分隔傾向。

總體而言，黃河墓地是以中東部局部區域為中心排列的墓地。通過對各階段墓葬位置的觀察，其形成過程也較為清晰。墓地首先從東西兩側開始埋葬，然後逐次向中部核心區域埋葬，經過各期的累積，形成了中部墓葬集中的格局。尤其值得注意的是，中間核心區域的墓葬，其墓向基本都是東北—西南向；而墓向不一致的幾座，均分佈在東、西兩側，區隔非常明顯（圖 8-4）。

圖 8-4　金沙黃河墓地墓葬的分布

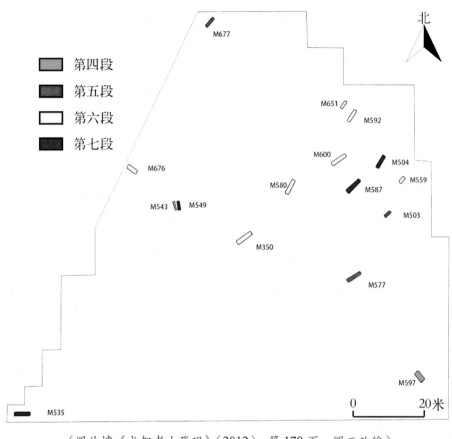

（圖片據《成都考古發現》（2012），第 179 頁，圖三改繪）

五、成都金沙星河路

　　成都金沙星河路墓地發掘了數十座墓葬，但僅公布了 12 座的材料。墓地發掘區為一排 30 餘個探方，發掘區較為局限，仍然出土了數十座墓葬，說明墓地墓葬較為密集。

　　墓葬主要分佈在發掘區的中部，有幾組打破關係。墓葬的方向以近正南北和東北—西南向為主。部分墓葬並列埋葬。

　　墓葬可分為四段，分別為第二、五、六、七段。

　　第二段共 3 座墓，分佈在西、中和東部，排列無明顯規律，墓葬方向也差異較大。

　　第五段共 2 座墓，分佈在墓地東部，墓向一致，大致並列。

　　第六段僅 1 座墓，分佈在墓地東部。

第七段共 5 座墓，分佈在墓地中、東部，墓向一致，大致並列。

該墓地時間跨度較大，且並非連續。推測第二至第五段之間的一段時間，該墓地可能未曾使用，而是到了第五段之後才繼續使用的。這也能解釋為何墓地中有多組打破關係。該墓地部分墓向近正南北，與金沙春雨花間的情況比較接近（圖 8-5）。

圖 8-5　金沙星河路墓地墓葬的分布

（圖片據《成都考古發現》(2008)，第 78～83 頁，圖三改繪）

圖 8-6　金沙人防墓地墓葬的分布

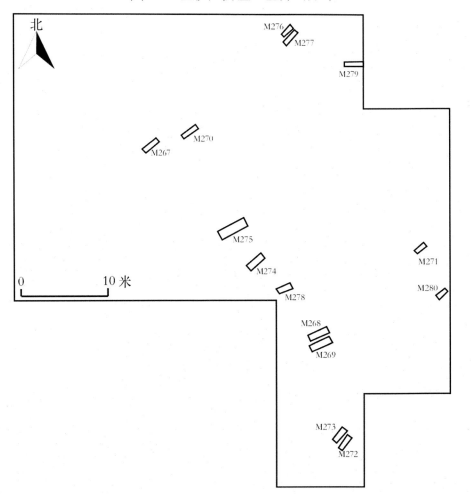

（圖片據《成都考古發現》(2003)，第 100 頁，圖七改繪）

六、成都金沙人防

　　成都金沙人防地點墓葬數量不多，平面圖上有 14 座分布。墓葬主要分佈在發掘區的東部，西部基本無墓葬分布。墓葬方向多為東北—西南走向，排列則順著西北—東南走向大致排成兩列，較為規整（圖 8-6）。

　　墓葬之間無打破關係，加之排列整齊，說明墓地規劃較為嚴格，在使用中均遵守一定的規則。

七、成都商業街

　　成都商業街為一大型的船棺合葬墓，共有 17 具船棺，可視為 17 座墓葬，位於一個墓地之中，進而可分析其布局與營造方式。17 具船棺，編號為 G1-G17，其中 G7 破壞嚴重，無出土遺物，總平圖上也未表示，不在本文討論之列。

　　G1 至 G17 均為西北—東南向，非常整齊，主要分佈在北部、南部，中部僅有 G14 一座。僅從空間位置來看，可將 16 座墓分為 5 組。

　　第一組為 G1、G2、G15、G16、G17；第二 G8、G9、G10、G11、G12；第三組為 G13；第四組為 G14；第五組為 G3、G4、G5、G6。

　　第一組中，G1 和 G2 的體量明顯更大，出土隨葬器物也更多，可以認為本組是以 G1 和 G2 為核心，其他 3 座墓居於次要地位的一組墓葬。

　　第二組中，G12 的體量和隨葬器物也有別於其他 4 座墓，其他四座墓體量則較為接近。該組以 G12 為核心，其他 4 座為次要位置。

　　第三、四組均只有一座墓葬，各自成組。

　　第五組墓葬體量均較小，且存在 G5 打破 G4 的情況，不易區分其主次地位，但從空間上來看仍然可成為單獨一組（圖 8-7）。

　　上述分組在空間上體現較為明顯，可能在隨葬器物方面也有所體現，可從隨葬的器物入手加以分析。

　　第一組隨葬陶器主要是甕、喇叭口罐、尖底盞三種；

　　第二組隨葬陶器主要是甕、圓底罐、碗形豆，無喇叭口罐和尖底盞；

　　第三組 G13 被破壞，無隨葬器物；

　　第四組 G14 隨葬陶器為甕、圓底罐；

　　第五組隨葬陶器為尖底盞、圓底罐、碗形豆，無喇叭口罐和甕。

　　上述五組除第三組外，隨葬器物的差異均較為明顯，這種差異可能是下

葬時間的差異，也可能是喪葬習俗的差異，而喪葬習俗的差異可能與人群、家族等背景有關。位於北側的第一和第五組中，均有尖底盞，不見碗形豆；位於南側的第二組和第四組則無尖底盞，有碗形豆。南北兩部分的差異很可能是下葬時間的不同。在成都平原商周墓葬中，碗形豆出現的時間晚於尖底盞，據此推測北邊的墓葬下葬時間要早於南側的墓葬。即北部的第一、五組早於南側的第二、三、四組。

圖 8-7　成都商業街墓地墓葬的分布

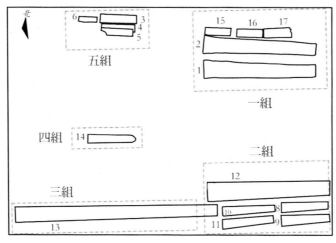

（圖片據《成都商業街船棺葬》，第 20 頁，圖七改繪）

第一組和第二組中，均存在較大型的、居於核心位置的墓葬，G1、G2 和G12，這 3 座墓位於其他處於附屬位置墓葬的內側，更靠近整個墓地的中心位置。這兩組可能代表了不同的家族，分別從南北兩側開始下葬，核心墓葬靠近中心，附屬墓葬位於外側。據此可以推測，G13 的南側可能還存在墓葬（圖 8-8）。

圖 8-8　成都商業街墓地的形成過程及親疏關係示意

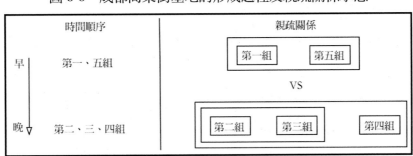

由上面分析可知，看似為一個整體的商業街墓地，實際上有著下葬時間的先後，也有著較明確的安葬秩序。整體來說，墓地是從北向南埋葬的，在埋葬過程中，各個家族或者人群遵守著統一的次序，越靠近墓地中心位置者，身份地位越高，附屬墓葬則位於一旁。各小組是一個群體，而南北兩側又是兩個更大的群體，其親疏關係和埋葬的時間順序都較為清晰。

綜上，商業街墓地實際上是一處嚴格規劃的船棺合葬墓地，內部存在著不同的小型族群，其空間位置和下葬順序有著較嚴格的規定；在小的族群內部，也遵守著社會地位的約束，等級較高的墓葬處於中心位置，等級較低的墓葬明顯處於附屬的位置。

八、什邡城關

什邡城關墓地共計有 98 座墓，墓地基本上清理完畢，是一處完整的墓地。

墓地中墓葬主要分佈在發掘區的中、東部，墓葬較為密集，西部僅 4 座墓。中東部的墓葬較為密集。按照墓葬的分布情況，可將整個墓地分為 4 個區域，西部為 A 區，中部從北往南分別為 B、C、D 區。整體來看，墓地內墓葬的分布略顯雜亂，但基本無打破關係，說明其規劃是較為有序的。墓葬的方向差異較大，以近正東西向最多，少數為東北—西南向和西北—東南向，有一座為近南北向。總體來說，這些墓葬的方向仍然以廣義的東西向為主，是存在一定規律的；部分墓葬大致呈西北—東南走向排成列。

墓地共分為六段，從第七段至第十二段，其中第十一段和十二段不在本文的分期之中，但為了完整探討墓地的布局，故將墓地所有墓葬均置於分期體繫之中，加以分析。

第七段共計 9 座墓，分佈在 A、C、D 區，又以 C 區最為密集，位置非常臨近。墓葬之間無打破關係。墓向為近東西向和東北—西南向，較為一致。

第八段共計 33 座墓，分佈在 A、B、C、D 四個區中，其中 A、B 區各只有 1 座墓，主要分佈在 C、D 區中。墓葬大多為東北—西南向及近正東西向，少數為西北—東南向。該階段墓葬多為船棺，這些船棺部分按照西北—東南走向排成列，較為規整。墓地中常見兩座或三座墓並列，這些墓葬可能存在較親密的關係，可能是家族的合葬。而距離較遠的區隔則是不同群體（家族）之間的區別。經過本段，基本形成了墓地的格局。

圖 8-9　什邡城關墓地墓葬的分布

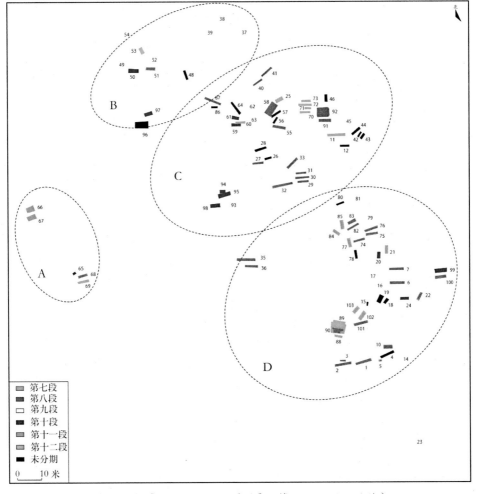

（圖片據《什邡城關戰國墓地》，第 3 頁，圖三改繪）

　　第九段共計 16 座墓，分佈在 B、C、D 三個區。B 區中墓葬數量較上一段增加許多。墓葬基本上位於前兩段的空白地帶，形成了較密集的分布形態。墓葬之間沒有打破關係。墓葬的方向差異明顯，但似乎船棺以東北—西南向為主；非船棺墓以西北—東南向為主。墓葬分布較分散，並未形成列或者行的形態。也有兩座墓並列的情況，可能是異穴合葬墓。

　　第十段共計 11 座墓，分佈在 A、B、C、D 四個區中，其中 C、D 區較多。亦是分佈在此前留下的空白地帶上。存在一組打破關係，且兩座墓年代相距不遠。墓葬以東北—西南向為主，較為一致。僅一座為船棺墓。墓葬亦較分散，可見兩座墓並列的情形，應該是家族合葬。

第十一段共 9 座墓，分佈在 A、C、D 區中，以 C、D 區為主。墓葬之間無打破關係。沒有較明確的排列關係。可見兩組並列的墓葬，可能是家族合葬。

第十二段僅 1 座墓，分佈在 B 區，其年代較晚。

通過上述分析，大致可知城關墓地的形成過程。在第七段時，墓葬主要分佈在東部，墓葬排列較有序；第八段時，墓葬數量大增，分佈在各個區域，大部分墓葬仍然能排成列，東部留下的空白已經較少。至第九、十段，墓葬主要埋葬在此前留下的空地中，排列已經不甚規整。第十一、十二段，墓地已經走向衰落，但仍然沒有干擾到其他墓葬，在空地中繼續埋葬（圖 8-9）。

城關墓地延續數百年，墓葬的方向規律性也不如金沙遺址諸墓地強，但在如此長的時段中，並未發生晚期對早期墓葬的破壞，說明整個使用群體是遵守著一種規範的。看似較雜亂的墓地，實際上有著較為嚴格的秩序。

九、成都龍泉驛北幹道

成都龍泉驛北幹道墓地共計有 30 座墓葬，是一處較完整的小型墓地。

墓葬較均勻地分佈在發掘區的各個區域，中間墓葬較少，四周分布略多。墓葬方向以東北—西南向為主，少量為西北—東南向。墓葬之間均無打破關係。較多墓葬為成組並列。各組之間沒有較明確的排列次序。

墓地可分兩段，為第九和第十段。

第九段共 4 座墓葬，位於墓地的西南部和中部偏南的位置。均為東北—西南向，兩兩並列合葬。

第十段共 26 座墓葬，分布於墓地的各個區域。至少有五組並列合葬的墓葬，每組 2-4 座墓葬不等。其中有兩座合葬墓及 3 座單獨的墓葬方向為西北—東南向，其餘均為東北—西南向。

通過分析，龍泉驛北幹道墓地中存在大量成組合葬墓，主要在第十段的時候發展起來。成組合葬墓之間距離一般較遠，中間為單獨的墓葬，各組墓葬之間並無成列或成行的情況。這說明該墓地是以家族合葬墓為中心形成的公共墓地，家族之間的位置關係則較為鬆散（圖 8-10）。

圖 8-10　龍泉驛北幹道墓地墓葬的分布

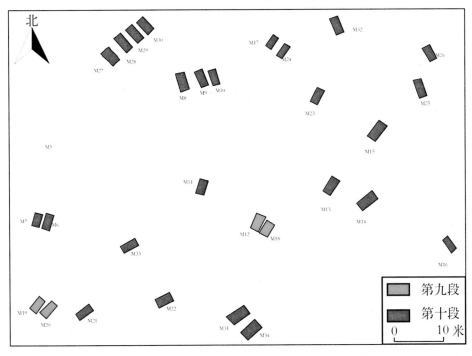

（圖片據《文物》2000 年第 8 期，第 22 頁，圖一改繪）

一〇、郫縣風情園

　　郫縣風情園墓地共 16 座墓，其中 15 座較集中、均勻的分佈在一個區域，M12 單獨分佈在一處。僅有一組兩座的並列合葬墓，其餘均為單獨埋葬，在空間上並無明顯的規律，但墓葬之間無打破關係。墓葬方向以東北—西南向為主，少量為西北—東南向。

　　墓地包括三段，第九至十一段。

　　第九段共 3 座墓，分佈在墓地的東西兩側。均為東北—西南向。

　　第十段共 4 座墓，分佈在墓地中部，第九段之間的空白地帶。墓向不盡一致，差異明顯，墓葬距離也較遠。

　　第十一段共 8 座墓，分佈在中部和南部區域。M23、M24 兩座墓為並列，可能是合葬墓。其餘墓葬之間無明顯的排列規律。墓向上，除兩座合葬墓為西北—東南向外，其餘為東北—西南向。

　　經過分析，該墓地形成過程較為簡單，最早是埋葬在較邊緣的地區，逐漸向中間地帶和南部安葬。除並列合葬外，無明顯的埋葬規律（圖 8-11）。

圖 8-11　郫縣風情園墓地墓葬的分布

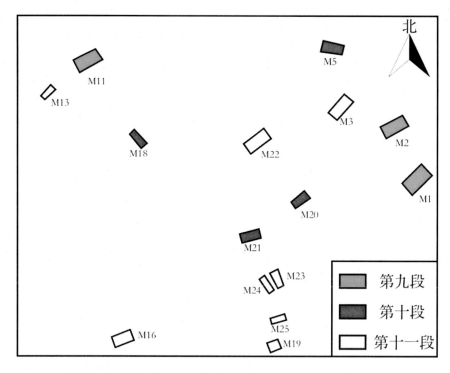

（圖片據《成都考古發現》（2002），第 278 頁，圖二改繪）

一一、郫縣花園別墅

　　郫縣花園別墅墓地共 11 座墓葬。其中 M13 距離較遠，分佈在另一處，其餘 10 座墓葬分別分佈在墓地的西南和東北部。墓葬均為東北—西南向，西南部和東北部的墓葬大致排成兩列，較為整齊有序。

　　墓地分兩段，第十和第十一段。

　　第十段僅 M10 一座墓，位於最南端，距晚期墓葬較遠。

　　第十一段共 9 座墓，其中存在一組打破關係，但整體仍然呈兩列排列，較為規整。

　　經過分析，墓地最初從南部開始形成，隨後擴展到東西兩側。墓地方向和排列較有秩序（圖 8-12）。

圖 8-12　郫縣花園別墅墓地墓葬的分布

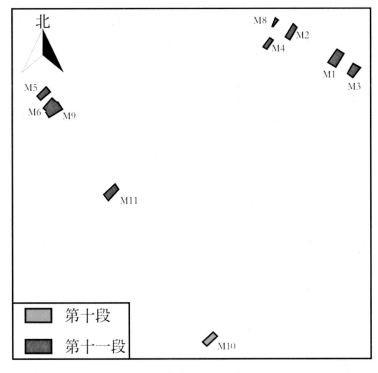

（圖片據《成都考古發現》（2002），第 279 頁，圖三改繪）

一二、小結

上述 11 處墓地涵蓋了成都平原從第一期第二段至第三期第十段的墓地形態，對於總體認識單個墓地的分布特徵及歷時性變化有著重要的意義。

1. 墓地內部均存在一定的規劃，墓葬之間少有打破關係。上述 11 處墓地中，無論是延續時間的長短、等級高低乃至墓葬數量的多寡，均少見打破關係，即便延續數百年也是如此。

2. 在戰國以前，墓地中墓葬的排列常較為有序，通常會成列成行地排列。這種方式在戰國以前較為常見，而兩、三座並排的方式還不常見。戰國之後的墓地中，成列成行的排列較少見，常見幾座墓葬並排的合葬墓。由此造成了整體來看，戰國以後的墓地中墓葬排列稍顯雜亂。即便早期如陽光地帶近三百座墓，排列也顯得較戰國時期墓葬更為規整有序。

3. 墓地中墓葬的方向較為一致，從早至晚，以西北—東南向和東北—西南向為主，例外的情況較少。墓向的一致性，大致代表了墓地人群的一致性。

4. 從早到晚，墓葬排列的變化，實際上代表了社會人群結構的變化。早期一般排成列，整個大的人群之間的親密關係在墓葬體現不明顯，即家庭這一基本組織在墓地中體現不明顯，更多是整個墓地使用者分成了幾個區域，可能是幾個較大的群體的分隔。至戰國以後，墓地中成片、成列、成行的情況較少，多為幾座墓並列埋葬，可能是家庭或小家族這一類組織在墓地中的體現。

5. 墓地的形成常常經年累月，其最終的空間形態是經過較長時間才形成的。即墓地的形成有一個動態的過程。經過上面的簡要分析，可知墓地開始階段的墓葬常位於某一個小的區域，後來的埋葬者逐步向周圍或此前墓葬之間的空白地帶轉移。

6. 與一般墓葬相比，高等級墓地的空間安排和下葬次序有著更為嚴格的規範，典型的如成都商業街墓地，各家族各自有自身的墓地位置，等級較高的墓葬位於中部，其周邊則為等級略低的墓葬。

7. 墓地長時段、經年累月的使用，仍保持一定秩序而不混亂，說明先民在埋葬時有較規範的管理，可能存在管理的機構或人員，來保證墓地的正常使用。

第二節　墓地分布的變化

前面主要討論了同一墓地內部墓葬之間的空間關係，本節主要討論不同時期不同墓地的空間分布情況，在大的空間背景下觀察成都平原商周墓葬的分布變化。

雖然本文將目前發現的成都平原商周墓葬劃分為若干區域，但主要依據是墓葬的分布情況，與文化分區無關。由於成都平原是相對獨立的地理空間，且面積不大，從商、西周至春秋戰國時期，墓葬形制及隨葬品的特徵均較為接近，且年代越晚，不同區域之間更加趨同。成都平原商周墓葬不具備分區的條件。

本文涉及的墓地共 61 處，分布於成都平原各區域，但這些墓地的分佈在空間上並不均衡。按照墓地分布的疏密程度，從內向外大致可分為三個圈層。

第一圈層為現成都市區，該區域歷年發掘出大量墓葬材料，共計 39 處墓地。成都市區中的墓地也存在空間上的分布差異，大部分墓地分佈在市區西部，少量分佈在北部和東部。大部分墓葬主要集中在市區西部南河附近以及金沙遺址所在的摸底河一帶。這兩處是成都市區墓葬最集中的區域。東北部的幾處墓地主要分佈在靠近緩坡山地的區域。西部和北部兩片墓地分布區域隔府河相望。府河附近則較少有墓地分布。

　　第二圈層為成都市區之外的近郊地區，主要包括今新都、郫縣、彭州、青白江、龍泉驛等區域，也是成都平原的核心區域。該圈層墓地共計 15 處。該圈層基本環繞第一圈層的墓地，呈半環形分布。其突出特點是基本分佈在成都市區以西、以北、以東的平原地帶，而市區以南基本沒有墓地分布。較多墓地沿河流分布，主要是湔江、青白江、毗河等。西、北部墓地數量較多，東部非常少。

　　第三圈層較零散地分佈在第二圈層之外，主要包括北部的廣漢、什邡、綿竹以及西南部的蒲江和大邑等地。共計 7 處墓地。該圈層墓地較少，分布零散，西南部基本已經靠近山脈，北部仍然位於平原腹心地帶。該圈層墓地數量較少，還難以看出其分布規律。

　　通過以上分析，成都平原商周時期墓地基本分佈在成都平原的各個區域，主要分佈在成都市區，且平原北部墓地數量遠大於南部，大多數墓地沿著平原內的主要河流分布（圖 8-13）。

圖 8-13　成都平原商周墓地的分布

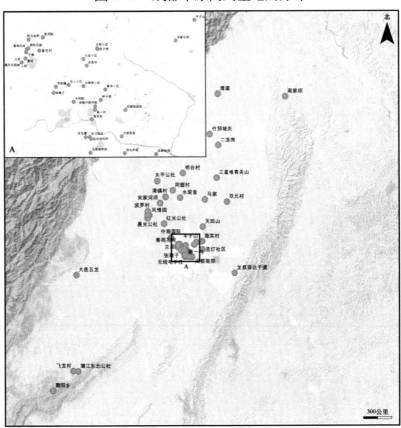

（本圖使用開源地理信息系統軟件 QGIS 製作）

在上述總體特徵之外，各期、段墓地的分布也值得關注。

第一期第一段，包括金沙蘭苑、新都水觀音兩處墓地，分佈在平原西部地帶。墓地數量少，分布地域較為有限（圖8-14）。

圖 8-14　第一段墓地的分布

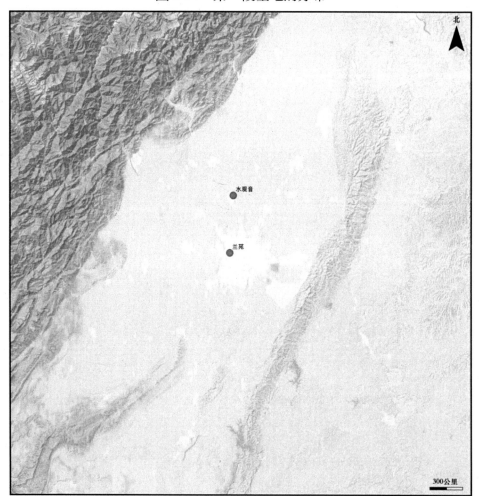

（本圖使用開源地理信息系統軟件 QGIS 製作）

第一期第二段，包括金沙萬博、星河路、春雨花間、國際花園、陽光地帶5個地點，以及成都中海國際、郫縣宋家河壩、郫縣波羅村、新都同盟村，共9處墓地。該段墓地數量增多，仍主要分佈在平原西部，尤其是集中在金沙遺址範圍內，其餘兩處距金沙遺址也不遠。相比前一段，墓地的分布範圍明顯地增大（圖8-15）。

圖8-15　第二段墓地的分布

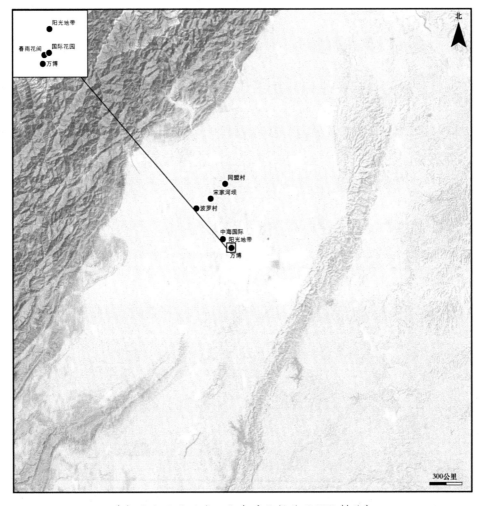

（本圖使用開源地理信息系統軟件 QGIS 製作）

　　第一期第三段，包括金沙陽光地帶、萬博、國際花園和蜀風花園城4處墓地。全部位於金沙遺址內，金沙遺址以外沒有墓地發現。和第二段相比，分布範圍有所回縮（圖8-16）。

圖 8-16　第三段墓地的分布

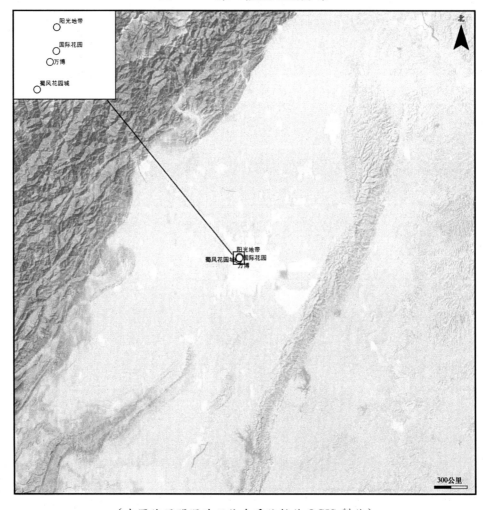

（本圖使用開源地理信息系統軟件 QGIS 製作）

　　第一期第四段，包括成都金沙陽光地帶、國際花園、萬博和黃河4個地點以及新都同盟村，共計5處墓地。除同盟村以外，均位於金沙遺址內，較此前分布範圍有所擴大（圖8-17）。

圖 8-17　第四段墓地的分布

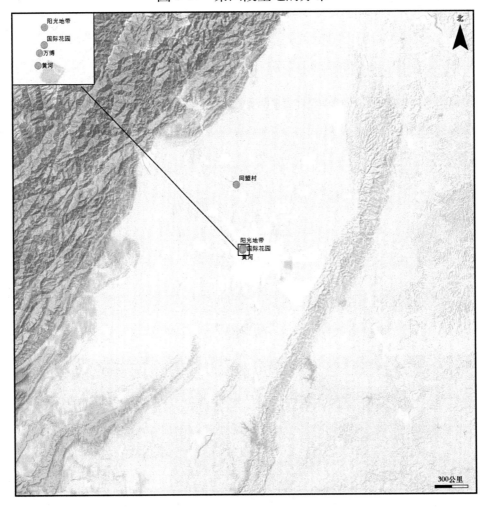

（本圖使用開源地理信息系統軟件 QGIS 製作）

　　第二期第五段，包括成都金沙黃忠村、黃河、星河路和國際花園等 4 個地點，以及成都棗子巷墓地，共計 5 處墓地。主要位於金沙遺址內，分布範圍較第四段有所縮小（圖 8-18）。

圖 8-18　第五段墓地的分布

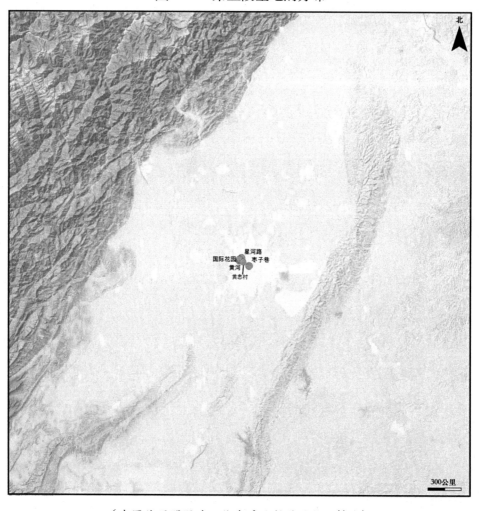

（本圖使用開源地理信息系統軟件 QGIS 製作）

　　第二期第六段，包括成都金沙黃河和星河路兩處墓地。均位於金沙遺址內，分布範圍與第五段比較接近（圖8-19）。

圖8-19　第六段墓地的分布

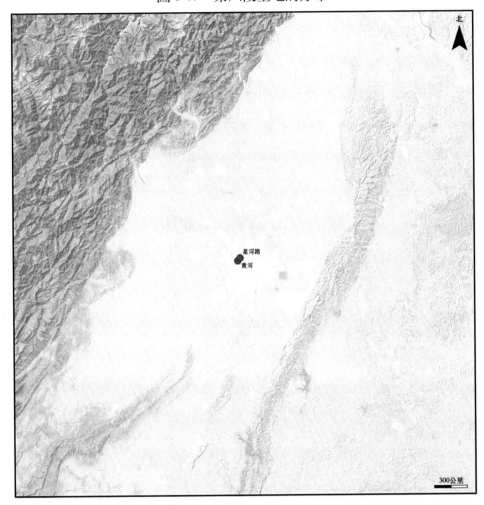

（本圖使用開源地理信息系統軟件QGIS製作）

第二期第七段，包括成都金沙黃河、星河路、人防 3 個地點，以及成都金沙巷、成都金魚村、成都石人小區、成都羅家碾、成都水利設計院、成都白果林小區、成都青羊小區、成都中醫學院、成都青羊宮、成都京川飯店、成都百花潭、成都商業街、成都文廟西街、成都南郊以及青白江雙元村、什邡城關、綿竹清道等，共計 20 處墓地。墓地主要分佈在金沙遺址以及成都市區西部附近，在平原北部也零散分布有 3 處墓地。這一階段分布範圍明顯增大，基本上涵蓋了成都市區及平原北部的廣大地域。在前七期中，該階段是墓地分布範圍最廣泛的，其分布範圍突破了成都市區及西部的狹小地域，廣布於成都平原上（圖 8-20）。

圖 8-20　第七段墓地的分布

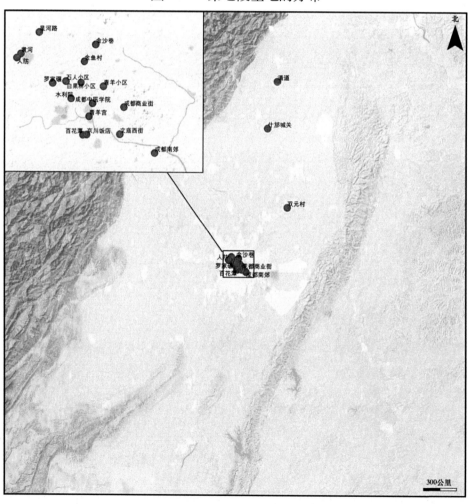

（本圖使用開源地理信息系統軟件 QGIS 製作）

　　第二期第八段，包括成都化成小區、成都金沙巷、成都金魚村、成都水利設計院、成都運動創傷所、成都無線電學校、成都文廟西街、成都涼水井街、成都新一村、成都聖燈社區以及郫縣晨光公社、彭州太平公社、新都馬家、廣漢三星堆青關山、什邡城關等，共計 15 處墓地。墓地主要分佈在成都市區西郊，以及平原西部、北部區域。與第七段相比，金沙遺址範圍內無墓地分布，而前七期金沙遺址內均有墓葬分布；平原西側也有部分墓地分布。該階段墓地數量略少於第七段，但墓地分布範圍卻略廣，分布更為平均。平原北部的廣大範圍內均有分布（圖 8-21）。

圖 8-21　第八段墓地的分布

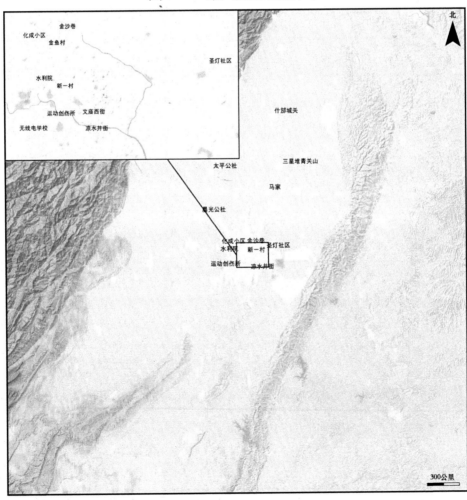

（本圖使用開源地理信息系統軟件 QGIS 製作）

　　第三期第九段，包括成都羊子山、成都海濱村、成都北郊、成都天回山、成都龍泉驛北幹道、郫縣風情園、郫縣紅光公社、彭州明臺村、廣漢二龍崗、什邡城關、大邑五龍、蒲江東北公社、蒲江飛龍村、蒲江朝陽鄉等，共計 14 處墓地。墓地主要分佈在成都市區、平原北部、西部和南部等地，整體呈南北條帶狀分布。與第八段相比，墓地分布更為平均，西南部、南部地區首次出現墓地。成都市區一帶的墓地占比大量減少，而此前成都市區墓地一直居於主導地位。本段墓地分布較前一段發生了較大的變化（圖 8-22）。

圖 8-22　第九段墓地的分布

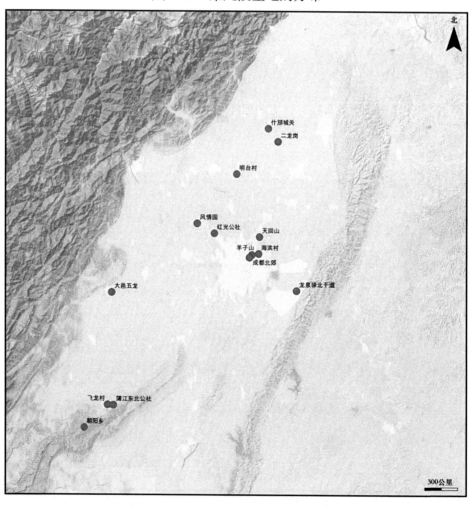

（本圖使用開源地理信息系統軟件 QGIS 製作）

　　第三期第十段，包括成都龍泉驛北幹道、成都光榮小區、郫縣風情園、郫縣花園別墅、新都清鎮村、什邡城關、大邑五龍等，共計 7 處墓地。該階段墓地數量大減，主要分佈在平原西側和東側，作為中心的成都市區周圍幾乎無墓地分布。與前一段相比，分布範圍非常有限，主要在平原西部，部分區域臨近山地，分布不甚平均（圖 8-23）。

圖 8-23　第十段墓地的分布

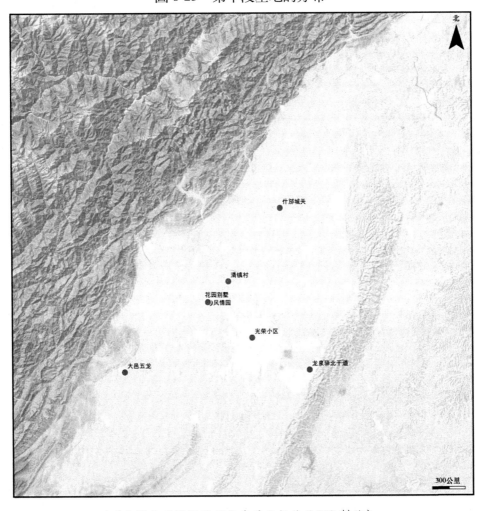

（本圖使用開源地理信息系統軟件 QGIS 製作）

從以上各期墓地的分布來看，墓地分布的主要變化發生在第七段和第九段。

第一至六段，成都平原墓地數量較少，大部分集中在市區的金沙遺址內，少量分佈在西部和北部區域。數量和分布範圍均十分有限，廣大的東部、南部區域還未發現墓葬的蹤跡。至第七段，墓地數量增至 20 處，且分布範圍非常廣泛，整個成都平原北部均有分布，尤其以成都市區墓地分布最為集中，形成了以成都市區為中心，西、北墓地環繞的分布格局。第八段基本延續了第七段的分布範圍，至第九段，成都市區一帶墓地較少，主要分佈在西、南、北等各地，分布更為平均，尤其是西南臨近山地的區域開始有了墓葬。成都市區的中心地位開始瓦解，向周圍擴散。至第十段，成都平原最中心的區域無墓地分布，而更多地分佈在周邊地區，主要是延續了第九段的趨勢。

因此，成都平原範圍內墓地的分布大概經歷了三個階段，第一階段為第一至六段，基本以成都市區西部的金沙遺址為中心，少量分佈在其西、北地區。第二階段為第七、八段，形成了以成都市區為中心，周邊墓地環繞市區分布，範圍涵蓋了成都平原北部的廣大區域。第三階段為第九、十段，成都市區的中心地位瓦解，北部仍然是主要分布區，南部也出現了一些墓地，分布範圍突破了北部區域，向南部擴散。

第三節　小結

從十餘處不同時段的墓地內部的空間關係分析結果來看，各時期的墓地均存在不同程度的規劃和管理，保證了墓地在長時間使用過程中，沒有發生明顯的、大規模的互相破壞的現象。在商至西周時期的墓葬中，墓葬的排列通常沿著統一方向展開，較為有序；戰國時期墓葬的排列常常不如早期那樣有序，成列成行的排列較少見，常見幾座墓葬並排的合葬墓。從早到晚，墓葬排列的變化實際上代表了社會人群關係的變化。早期墓地中，成行成列的排布，難以看出家庭成員之間在死後的空間關係，墓地一般可分為若干個小區域，可能是較大族群之間的界限。到戰國以後，墓地中幾座墓葬並排的現象較明顯，可能與家庭存在一定的關聯。高等級墓地的空間安排較一般墓葬更為嚴格，最典型的是成都商業街墓地，各家族之間存在空間的區分，且等級較高者通常佔據了中心的位置，而且對下葬次序也有一定的要求。

　　成都平原商周時期墓地的分布大約經歷了三個階段，第一階段為晚商至春秋時期，基本以成都市區西部的金沙遺址為中心，少量分佈在成都平原的北部區域。第二階段為戰國早中期，形成了以成都市區為中心，周邊墓地環繞市區分布，範圍涵蓋了成都平原北部的廣大區域。第三階段為戰國末期至秦，成都市區的中心地位瓦解，北部仍然是主要分布區，南部也出現了一些墓地，分布範圍突破了北部區域，向南部擴散。

第九章 餘 論

　　本章擬結合前面各章節的分析，對成都平原商周墓葬的發展變化所反映的社會結構及性質變遷、聚落中心的轉移，以及墓葬發展階段與成都平原考古學文化和傳世文獻之間的關係進行討論。

第一節　墓葬發展階段與社會結構及性質的變化

　　如前所述，第一期墓葬等級差異不大，而第二、三期墓葬等級差異明顯，墓葬等級逐漸分化，暗示社會階層結構發生了變化。

一、第一期

　　第一期墓葬體現出的身份差異不明顯，無論是在墓葬規模，還是在隨葬器物的豐富及精美程度上，墓葬之間的差異都不大。墓葬之間的等級差異不甚明顯，即便有少數墓葬隨葬了較多的陶器，甚至還有少量的墓葬隨葬了外來風格的器物，但這些墓葬數量極少，絕大多數墓葬之間幾乎不能體現出身份的差別。那麼，當時的社會究竟是不存在身份等級的差別呢？還是社會等級的差異未能體現在墓葬中呢？

　　第一期大約是從商代中晚期至西周晚期，成都平原存在兩處較重要的遺址，即三星堆遺址和金沙遺址。三星堆遺址發現了 8 座器物坑，出土了大量的金器、銅器、象牙等遺物，這些器物坑的性質可能與祭祀等相關活動有關，是當時社會的統治者擁有的財富。這些器物的製作和生產無疑需要耗費大量人力物力財力，是當時社會上層用權力凝聚了整個社會的財富才得以實現的，這

說明當時社會存在巨大的身份等級差別。金沙遺址以祭祀區出土的各類精美器物而聞名，其堆積應該是多次重複的祭祀活動形成的。祭祀延續時間長，製作有關祭祀用品同樣需要耗費大量的人力物力，主持祭祀活動的顯然不是普通人群，而應是高等級統治階層。

與三星堆和成都金沙遺址大致對應的第一期墓葬中，身份等級的差異，完全不象生活遺址那樣明顯和巨大。即墓葬體現的社會等級，未能反映出當時社會存在的巨大等級差異。墓葬的這一現象暗示在商至西周時期，成都平原的社會結構與其他地區存在較明顯的差異。

商至西周的中原地區，墓葬的規模及隨葬器物方面體現出明顯的身份差別，這種身份差別與當時不同規模和等級的聚落遺存是能夠對應的。墓葬是當時社會體現身份等級差異的重要載體。貴族不僅在生前利用權力修建豪華的宮殿，製作精美的器物，在死後也通過規模巨大的墓葬、豐富的隨葬器物來體現自身的高貴身份。西周以後逐漸建立起一套以鼎為核心的器用制度，來分辨貴賤等級。因此，商至西周的中原社會相當重視從葬儀的角度來體現身份等級的差異。

與此形成鮮明對照的是，商至西周時期的成都平原，高級貴族將財富集中到諸如祭祀一類公共活動中，通過祭祀活動來體現貴族的權威。這些活動可能與神權或宗教權力密切相關。當時社會的統治者是通過神權或宗教活動來進一步鞏固和體現自身權力的。而當時的墓葬，僅僅是埋葬人的場所，並不用來體現墓主人生前的社會地位。當然，一些墓葬可能會承載一些身份的差異，但基本不體現等級的差別。這種社會結構與成都平原以外的中原地區存在非常巨大的差別。

第一期墓葬呈現出等級差異不明顯，也從另一個方面說明當時蜀人社會的社會結構還不太複雜，少數統治者或貴族通過神權或宗教活動也能很好地控制整個社會，並保持社會穩定，無需從葬儀的角度來體現自身的身份等級。另一方面也暗示了即便是上層社會，在商至西周時期也無法集中更多的財富用於下葬，說明當時社會整體的發展水平與中原地區存在較大差距。

總之，從隨葬品看，成都平原社會結構相對比較簡單，可能是神權群體掌握了權力，並依靠神權將社會財富集中在一個人數較少的群體中。權力的物質體現主要是發達的祭祀活動，喪葬活動扮演的角色並不突出。這與中原的世俗王權社會存在較大的差別，社會發展階段明顯還未與中原地區同步。中原地區

成熟的等級社會中，等級的差異體現在各個方面，無論是生前的居住場所，還是死後的地下空間，均有一套成熟的制度來規範、約束不同社會階層。成都平原並未形成這樣一套複雜的體系，世俗權力與神權或宗教權密不可分，通過神權來控制整個社會，而死後的地下空間則普遍流行薄葬，不以隨葬器物等來區分生前的社會階層。

二、第二、三期

第二、三期總體上來看，墓葬的隨葬器物呈現出較為明顯的差異，並據此將有關墓葬區分為若干不同的等級。具體而言，第五和第六段的情況比較接近，第七和第八段比較接近，第九和第十段比較接近。

第五和第六段墓葬不多，僅能分辨出兩個不同的等級，即第三和第四等級，兩個等級之間的差異也不太大，主要是隨葬器物多少的區別。第三等級隨葬器物較多，第四等級隨葬器物較少。因可資利用的墓葬材料不多，等級劃分難以進一步細化，但兩段墓葬的等級差異較為明顯，主要體現在隨葬器物方面，等級較高的墓葬常隨葬銅器，而等級較低的則隨葬陶器。這種明顯的等級差異，是第一期墓葬所不具備的。這一現象說明，在春秋時期無論是社會階層還是喪葬觀念都發生了較大的變化。

第七段和第八段墓葬較多，等級也最為豐富，且兩段的墓葬等級基本上可以對應，說明在戰國早期至戰國中期，成都平原的社會狀況保持了較長時間的穩定狀態。該階段墓葬可區分為五個不同的等級，其中第一等級僅有新都馬家M1一座墓，第二等級則有綿竹清道 M1、青白江雙元村 M154 及成都商業街 G1、G2 等墓葬。這兩個等級的墓葬在隨葬器物上有自身的特徵，主要是出土了較多外來風格的銅器，以及較多漆木器。在新都馬家 M1 中，隨葬的銅器還呈現出一定的組合關係，喪葬禮儀中似乎有一套自身的制度。第三和第四等級的墓葬一般也隨葬銅器，第三等級的墓葬中部分隨葬外來風格的銅器，但常常是單件，不成組合。第三、第四等級與第一、第二等級之間，在隨葬器物的數量以及組合的嚴密程度方面，都有巨大的差距。第三和第四等級內部可能也存在一些差異，尤其是第三等級中，部分墓主人可能也具有較高的社會地位，但與第一、二等級的墓主人相比，仍有明顯的差距。第五等級的墓葬幾乎沒有隨葬器物，等級較低。

上述第一、第二等級是社會中的貴族階層，這類人群相對較少，是當時

社會權力的擁有者。第三、第四等級是社會的中間階層，擁有一定的財富和地位，但與第一、二等級之間的差距較大。此一部分人群數量較大，是當時社會的中堅力量。第五等級人群數量不多，是當時最下層的民眾。

與第五、六段相比，第七、八段社會結構發生了較明顯的變化，貴族或統治階層的墓葬在若干方面均能明顯地與其他階層的墓葬區別開來。最下層的民眾幾乎沒有隨葬器物。中間階層介於兩者之間。不同社會階層在喪葬層面差異較為明顯。而中間階層的基數較大，構成了當時社會穩定的基石。

第三期第九和第十段的墓葬中，成都羊子山 M172 的情況明顯與其他墓葬不同，即便被盜，也出土了數百件隨葬器物。隨葬器物中包括了大量的外來風格器物。該墓規格之高，在成都平原極其少見，僅新都馬家 M1 大致可與其相當。故該墓當劃分為第一等級。第九和十段無相當於第二等級的墓葬，其餘墓葬整體等級不高，相當於第三至第五等級。第三和第四等級同樣佔據了主導地位，同樣是社會的中間階層和主要穩定力量。第五等級墓葬數量不多，但較前一階段有所增加。

第三期第九和十段時，社會結構較前一階段又發生了較明顯的變化。高等級群體呈現萎縮的態勢，以中間階層為主，下層民眾有所增加。該階段高等級墓葬較少見，說明該時期社會統治階層呈現出瓦解的趨勢，這和秦滅巴蜀的歷史背景基本吻合。

綜上，第二、三期大致可分為三個小的階段，墓葬等級及所呈現的社會結構呈現出較明顯的變化。第二期第五和六段，墓葬等級差異化逐漸明顯，社會階層的差異在墓葬中體現明顯，但該階段高等級的階層似乎不多，社會以中間階層為主。第二期第七和八段，墓葬等級差異化非常明顯，可劃分出五個等級，大致為貴族統治階層、中間階層和下層民眾。貴族階層數量不多，但結構相對穩定；中間階層數量較多，是社會穩定的基石；下層群體較少，也是社會重要的組成部分。中間階層的結構可能較為複雜，並非完全屬於某個群體，其中部分擁有相當的財富和地位，但少部分可能與底層群體更為接近，可能擁有少量的財富。第三期第九和十段，墓葬等級差異較明顯，仍然存在貴族階層、中間階層和下層民眾等三個群體，但貴族階層趨於瓦解；中間階層依然是社會的主要部分，但似乎財富和地位較前一階段有所下降；底層群體有擴大的趨勢（圖9-1）。

圖 9-1　第二、三期社會結構的變化

社會上層缺失　　　　穩定的三階層　　　　上層趨於瓦解

　　總之，春秋至戰國晚期的成都平原在墓葬禮儀方面逐漸與中原地區趨同，即通過墓葬的內容來表現墓主的社會地位，墓葬成為世俗權力表達的內容之一，說明其社會性質與中原地區的王權社會更為接近。戰國時期，成都平原的社會性質完成了由神權社會向世俗王權社會的轉變。世俗王權社會的確立，是成都平原社會發展的一大進步，也是整體融入漢代大一統的前奏。

三、社會結構及性質變化的原因

　　穩定社會的崩潰，常常是由於外部勢力的介入。而文化的變遷，常常是政治格局的變化所導致的。即外部政治勢力的干預，導致了本土政治格局的改變，進而引起了物質文化的變化。就成都平原而言，商至西周時期的社會穩定度較高，相對簡單的統治模式使得社會在長時間內無大的動盪。外來文化對本地的影響比較有限，且集中在社會上層。外來文化主要表現在三星堆、金沙出土的大量外來風格的器物，如來自域外的銅尊、罍以及金面具、權杖、飾片等〔註1〕。但社會整體仍然以本土文化為主，並無太多的外來文化因素。

　　春秋早中期以後，外部勢力就不斷進入成都平原，主要是以楚國勢力為代表，引起了本地文化面貌的巨大變化，外來的文化因素逐漸增多，且深入到不同的社會階層。包括第一等級在內的不同等級的墓葬中，都很容易見到楚文化和中原文化的因素。楚文化乃至楚政治勢力的介入，深刻改變了蜀地的文化和社會面貌。楚、蜀兩地上層存在較密切的文化聯繫，其基礎很可能是密切的政治關係。正是由於楚國勢力的介入，才引起了本地原有社會結構逐漸瓦解，改變了本地的文化觀念，從而表現出物質文化面貌的巨大變革。

〔註1〕田劍波、周志清：《試論金沙遺址祭祀區出土的幾件商代青銅容器》，《文物春秋》2021 年第 4 期；成都市文物考古研究所：《成都金沙遺址Ⅰ區「梅苑」地點發掘一期簡報》，《文物》2004 年第 4 期。

　　文獻中對蜀人與楚人的關係多有記載，表明兩地上層甚至存在人群的聯繫〔註2〕。成都平原春秋戰國時期的統治階層可能與楚人存在密切的關係，甚至可能就是楚人的後裔。正是這些外來的群體部分取代了本地的政治力量，推進了社會的變革，蜀人也基本接受了這一變革。

　　到了戰國末期，由於秦滅巴蜀，本地上層政治勢力基本被消滅，社會發展進入了大一統的新階段，文化面貌也逐漸與中原地區趨同。這一過程同樣是外部政治勢力介入的結果。得益於清晰的文獻記載，能夠較容易地理解這一過程，以及政治進程與文化演變之間的互動關係。成都平原從神權社會到世俗王權社會的變遷，以及由此帶來的社會發展及演變，可能正是楚、秦等外部勢力介入的結果。

四、社會結構及性質變化的結果

　　蜀地社會等級複雜化，加之外來文化的影響，使本土喪葬觀念從務實向禮制轉變，是社會結構及性質變化帶來的直接結果之一。

　　從中原地區物質文化的轉變來看，從東周至漢代喪葬觀念發生了較大的變化。在東周及西漢早中期，主要延續了西周以來注重禮制的傳統，主要隨葬各類禮器，戰國以後仿銅陶禮器逐漸取代了銅器，成為一般墓葬的主要隨葬器物，銅禮器僅出現在高等級墓葬中。這種喪葬的觀念，體現出當時的喪葬觀念是以禮制為中心，以隨葬器物來標識墓主人的身份、地位等，其核心是圍繞社會等級而實現的。大約西漢中晚期之後，墓葬隨葬器物發生了較明顯的變化。以倉、灶、井為代表的模型明器逐漸取代了以鼎為核心的陶禮器，各類生活用器模型成為主角。這些生活中常見的模型器，實際上構建了墓主人生前的生活場景，來籍此表達人們對美好生活的嚮往。這是以人和人的生活為中心的喪葬觀念。從以禮為中心到以人為中心，這是漢代喪葬觀念的重要轉變。

　　如第七章所述，商至西周時期的成都平原，喪葬觀念較為簡單，喪葬活動與墓主人生前社會地位的關聯性不大，墓葬比較純粹地作為逝者的安息之地。墓葬儘管也存在一些等級或身份的差異，但絕大部分墓葬呈現較多的共性，難以分辨等級的差異。大約是一種務實的喪葬觀念，喪葬活動承載的有限。

　　從春秋開始，成都平原的墓葬發生了較大的轉變，主要有兩點，一是通過隨葬器物能夠較清晰地體現墓主人的身份等級；二是部分高等級墓葬中隱約

〔註2〕徐中舒、唐嘉弘：《古代楚蜀的關係》，《文物》1981 年第 6 期。

呈現出器用制度。墓葬逐漸承載了墓主人生前的身份地位等信息，其核心是禮制在地下空間的建立。社會整體的喪葬觀念已經從務實轉向對禮制的追求。戰國時期，這種喪葬觀念正式形成。雖然墓葬的等級制度和器用制度一直未能完全建立，但其核心是對禮制的追求，這一點與中原地區是一致的。

以禮制為核心的喪葬觀念，中原地區大約在西周時期就已經較為成熟，東周時期由於諸侯國較多，墓葬的形制、器用制度等方面存在一定差異，但均是以禮制為核心。這是當時中原社會的時代共性。成都平原喪葬觀念的轉變是在社會性質由神權社會轉變為世俗王權社會的過程中，向中原地區學習和模仿的結果。從新都馬家 M1 的情況來看，主要是受到楚文化及周邊地區的影響。由於政治上的聯繫、文化上的嚮往，成都平原蜀地貴族吸收外來的禮制傳統，試圖建立自身的禮制，並運用到喪葬活動中，帶來了喪葬觀念的逐步轉變。

第二節　從墓地分布看聚落中心的變化

墓地通常位於人類居住地的附近，墓地空間發生變化，實際上暗示了人群聚居地空間的變遷。大規模的人群聚居地變化，通常意味著與人群密切相關的聚落中心的轉移。

第八章第二節的分析顯示，在第一至第六段，墓葬主要集中在金沙遺址以及成都平原西、北部，金沙遺址無疑就是當時的聚落中心。因此，在商代中期至春秋中期，成都平原的聚落中心就在金沙遺址一帶，甚至政治中心也可能在此處。值得注意的是，第五、六段的墓葬數量較少，實際上暗示著金沙遺址正在逐步瓦解，金沙遺址作為成都平原的中心聚落，其年代主要集中在商代中晚期至春秋早期，春秋早期以後實際上已經走向瓦解了。

商代中晚期，成都平原另一處中心聚落是三星堆遺址。三星堆作為古蜀文明的都邑性遺址的地位是毫無疑問的，但目前在三星堆遺址周圍並未發現與發達的「祭祀」類遺存相當或同時期的墓葬，而離三星堆遺址較近的墓葬則是新都同盟村墓地，大約與三星堆祭祀區的年代相當，推測在成都平原北部可能存在大量商代中晚期的墓葬，只是暫時還未能被發現。

商至西周時期，成都平原另一處大型居址就是十二橋遺址，年代集中在商代晚期至西周早期，距離金沙遺址較近，這兩處遺址應該同為中心聚落。除了三星堆、金沙和十二橋遺址外，羊子山土臺遺址也是商至西周時期一處重要的遺址，該遺址的建造和廢棄年代存在爭議，但大部分學者認為其使用年代中包

含了西周時期〔註3〕。該遺址的規格表明其也是高等級的中心聚落，可能與某些公共活動有關。

　　若從墓葬來看，成都平原商至西周時期的聚落中心應該在金沙遺址一帶，輻射範圍一直到成都平原北部區域，三星堆遺址在商代中晚期與金沙遺址一樣同為中心聚落。商代晚期的成都平原可能存在北部三星堆和南部金沙兩處中心聚落，但西周以後三星堆遺址的地位就不再延續了，但金沙遺址則繼續發展，並與十二橋遺址群、羊子山遺址等臨近的遺址一起構成了成都平原西周時期的中心聚落群（圖9-2）。

圖9-2　商至西周時期成都平原主要高等級聚落

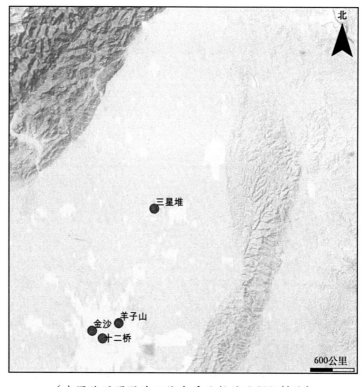

（本圖使用開源地理信息系統軟件 QGIS 製作）

　　春秋時期尤其是春秋早中期，成都平原還少見較大型或等級較高的中心聚落。從墓地的角度來看，目前發現較多的春秋時期墓地主要青白江雙元村墓地和郫縣犀圜村墓地，在金沙遺址群中也能見到春秋時期的墓葬，如黃河和星

<hr>

〔註3〕李明斌：《羊子山土臺再考》，《成都考古研究》（一），北京：科學出版社，2009年，第246～255頁。

河路地點等。但這幾處墓地的等級都不太高，難以確定中心聚落的確切位置。從居址來看，新一村遺址是目前成都平原春秋時期遺存較集中的區域，其規模較大，但其等級似乎也不夠高。就目前的考古資料而言，還難以確定成都平原春秋時期的聚落中心所在。

　　至戰國時期（第七和第八段），成都市中心西部區域是墓葬最主要的分布區域，同時墓葬也遍布整個成都平原北部區域。此時的聚落中心，大約就在今成都市區西一環路附近。孫華先生指出春秋晚期至戰國時期，成都城位於金沙遺址東南 4 公里的位置〔註4〕。近年來，又在成都市中心西部一帶發現了諸多新的戰國時期的墓地，如張家墩墓地、百壽路墓地〔註5〕等。這些證據都表明戰國時期的聚落中心就在就今成都市區西部，金沙遺址以東的區域內。

　　在戰國時期，成都市區內的墓葬中，有成都商業街和成都羊子山兩處高等級墓地，加之其他一些重要的墓葬，表明成都市區一帶確實存在高等級的中心聚落。而在成都平原北部，有綿竹清道、新都馬家、青白江雙元村等高等級墓地，同時也存在龍泉村等大型遺址，該遺址中除了居址外，還發現有高等級的墓葬如 M1，其面積在 80 平方米左右〔註6〕，在成都平原屬於等級最高的一類墓葬。成都平原北部的高等級墓葬說明在成都平原的北部可能也存在高等級的中心性聚落或聚落群（圖 9-3）。

　　戰國末期至秦，成都市中心的墓地尤其是高等級的墓葬已經較少見，但仍然存在部分墓葬。成都平原的邊緣地帶出現了一些墓地，如蒲江、大邑、雅安等地，這是不同尋常的信號，或與秦滅巴蜀之後，成都平原地區人群的南遷有密切的關係。在這樣的背景之下，成都市區的中心地位可能仍然存在，但已經變成了秦國內部的地方中心。

　　綜上所述，在晚商至西周時期，成都平原的中心聚落（群）包括分別為以三星堆遺址代表的北部和以金沙遺址為代表的南部；而春秋晚期至戰國晚期的中心聚落仍然可能存在南北兩大區域，但成都市區西部一帶可能是當時更重要的中心區域。從春秋早期至春秋中期，已經發現的墓葬不多，在此之前的金沙遺址已經走向了衰敗。這一時期可能社會較為動盪，是蜀地政治從早期神權時代向晚期世俗王權時代過渡的階段，中心聚落的位置還不明確（圖 9-4）。

〔註4〕孫華：《戰國時期的成都城──兼談蜀國的都城規劃傳統》，《古代文明》（第 13 卷），上海：上海古籍出版社，2019 年，第 229～256 頁。
〔註5〕資料現存成都文物考古研究院，相關信息承發掘者告知。
〔註6〕資料現存成都文物考古研究院，相關信息承發掘者告知。

圖 9-3　東周時期成都平原主要高等級墓地

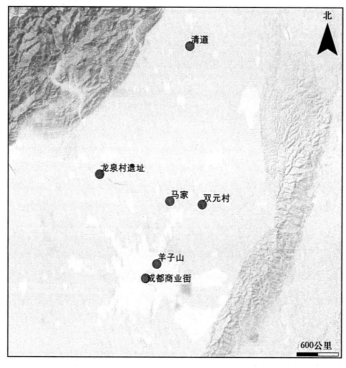

（本圖使用開源地理信息系統軟件 QGIS 製作）

圖 9-4　聚落中心的變化與社會階段的關係

神權時代	過渡階段	世俗王權時代
三星堆遺址（北） 金沙遺址（南）	不明	成都平原北部（北） 今成都市區西部（南）
商至西周時期	春秋早中期	春秋晚期至戰國晚期

第三節　墓葬發展階段與考古學文化的關係

　　成都平原的考古學文化演變進程歷來是學術研究的熱點。成都平原商周考古學文化演進，大約存在三種不同的觀點：三星堆文化──十二橋文化──上汪家拐遺存〔註7〕；三星堆文化──十二橋文化──新一村文化──青羊宮文化〔註8〕；三星堆、十二橋文化──東周巴蜀文化〔註9〕。最後一種是近年

〔註7〕 江章華、王毅、張擎：《成都平原先秦文化初論》，《考古學報》2002 年第 1 期。
〔註8〕 孫華：《四川盆地的青銅時代》，北京：科學出版社，2000 年，第 96～115 頁。
〔註9〕 施勁松：《論三星堆──金沙文化》，《考古與文物》2020 年第 5 期。

提出的，將三星堆文化和十二橋文化視為一種考古文化。三種觀點中，上汪家拐遺存、青羊宮文化和東周巴蜀文化基本為同一概念，時間大體在春秋中期至戰國晚期，區別主要在於春秋早期以前的文化關係。在墓葬演變三期劃分基礎上，筆者擬簡要討論墓葬演變與文化變遷之間的關係。

青羊宮文化（上汪家拐遺存）大約在春秋中期至戰國晚期，也就是本文所劃分的第二、三期。由於第五、六段的墓葬不多，這兩段墓葬的諸多特徵還存在一些疑問，但總體上與第七、八段的墓葬存在更多的共性，這也是將第五、六段歸入第二期的主要原因。如此，青羊宮文化大致可以與第二階段相對應，只是晚期巴蜀文化相對起始年代更晚一些，涵蓋了新一村文化的晚期階段。

第一期為商代中晚期至春秋早期，這一期墓葬有很大的共性，難以再細分。這一時段大致相當於三星堆文化的最晚期、十二橋文化以及新一村文化的偏早階段。這一時段內墓葬未呈現出明顯的階段性變化。這三大文化之間的關係恰恰爭議較大，爭議的焦點主要在於三者是同一考古學文化，還是分屬三個不同的考古學文化。若從墓葬的角度看，至少從三星堆文化的最晚期到新一村文化的早期階段，社會結構未發生明顯的變化。

總體而言，從墓葬材料看，成都平原商代中晚期至西周晚期乃至春秋早期，社會面貌是基本穩定的，物質文化面貌展示出較強的延續性，並沒有明顯的中斷。而考古學文化主要關注的陶器層面，確實表現出一脈相承但又略有階段性的變化，墓葬中的陶器也是如此。因此，單純從陶器來分析考古學文化的性質有比較大的局限性，這也是成都平原先秦文化研究中的問題關鍵所在。若要將墓葬的階段性與文化的階段性相對應，很困難也是不可能的。

如前所述，成都平原大約在春秋中晚期向世俗王權社會過渡，戰國時期基本形成了世俗王權社會，在之前是以神權為中心的社會形態，大致就相當於三星堆文化最晚期到新一村文化的早期。整體社會形態變化不大。但兩者之間究竟是如何過渡的，過渡的關鍵時間節點在什麼時候？從時間節點看，處於西周中晚期至春秋中期的新一村文化，是很值得關注的。

金沙遺址高等級的祭祀遺存，大約從商代中晚期延續至西周早中期，西周中期以後金沙遺址實際已處於衰落階段。晚商至西周早期，成都平原遺址數量很多；但西周中晚期往後，成都平原上遺址數量急劇減少，目前僅發現很少幾個遺址。這一現象說明，西周中晚期以後成都平原社會可能發生了較明顯的變化，在文化面貌上也有所體現。西周中晚期以後的墓葬也不多，即

本文的第四、五、六段墓葬數量都較少，說明整個社會處於崩壞後的重建過渡階段，直到春秋晚期才逐漸復蘇。

因此，成都平原從神權社會過渡到世俗王權社會，社會經歷了較大的動盪，時間約為西周中晚期至春秋中期，大致屬於新一村文化。新一村文化與十二橋文化相比，最重要的意義是承上啟下，而非簡單物質文化面貌的更替。至於三星堆文化和十二橋文化，其區別與聯繫可能與此類似，但其社會形態大致是相似的，因此物質文化延續性較強。

墓葬的演變與文化的變遷、社會的變遷、政治結構的變化，均存在密切的聯繫，但考古材料所關注的物質文化，僅僅是社會的某個側面，側重於社會的物質層面。墓葬的演變與考古學文化的演進並不能等量齊觀，將墓葬先納入某種文化屬性之中，再加以討論，是不可取的。

第四節　墓葬發展階段與傳世文獻的關係

一般認為，成都平原即為蜀人所居之地，較集中記載蜀地古史的文獻，主要有《蜀王本紀》及《華陽國志·蜀志》。按照文獻記載，古蜀歷史大體可分為三個階段。

第一階段為三代蜀王時期，《蜀王本紀》載：

> 蜀之先稱王者，有蠶叢、柏濩、魚鳧、開明，是時人萌椎髻左衽，不曉文字，未有禮樂。從開明已上至蠶叢，積三萬四千歲。蜀王之先名蠶叢，後代名曰柏濩，後者名魚鳧。此三代各數百歲，皆神化不死，其民亦頗隨王化去。魚鳧田於湔山，得仙，今廟祀之於湔，時蜀民稀少。〔註10〕

《華陽國志·蜀志》也記載：

> 周失綱紀，蜀先稱王。有蜀侯蠶叢，其目縱，始稱王……次王曰柏灌。次王曰魚鳧。魚鳧王田於湔山，忽得仙道，蜀人思之，為立祠於湔。〔註11〕

蠶叢、柏濩、魚鳧三代蜀王，各數百歲，說明這段歷史的記載是關於古蜀

〔註10〕（清）嚴可均輯：《全上古三代秦漢三國六朝文》，上海：上海古籍出版社，2009年，第403頁。

〔註11〕（晉）常璩撰，任乃強校注：《華陽國志校補圖注》，上海：上海古籍出版社，1987年，第118頁。

早期歷史的傳說。三代蜀王可能是前後相繼的三大部落首領。關於這段歷史，有兩個較為重要的信息：第一，蠶叢的主要活動區域是成都平原西北部的山區，即岷江上游地區。章樵注《蜀都賦》引《蜀王本紀》時說：「蠶叢始居岷山石室中」。第二，到魚鳧時期，蜀人從西北山地向成都平原發展，「魚鳧王田於湔山」，湔山在今都江堰境內。溫江魚鳧城遺址即在附近，與魚鳧時代的傳說尚可呼應。

關於柏濩時代的情況，記載較少。但大體可知，蜀人早期從川西北山地向成都平原遷徙的情況是真實存在的。考古發現也表明，成都平原的人群是從岷江上游遷徙來的，並逐漸從平原邊緣向腹心地帶移動〔註12〕。

第二階段，即魚鳧之後的杜宇時代。《蜀王本紀》載：

> 後有一男子，名曰杜宇，從天墮，止朱提。有一女子名利，從江源井中出，為杜宇妻。乃自立為蜀王，號曰望帝，治汶山下，邑曰郫，化民往往復出。〔註13〕

《華陽國志·蜀志》也說：

> 後有王曰杜宇，教民務農，一號杜主。時朱提有梁氏女利遊江源，宇悅之，納以為妃。移治郫邑，或治瞿上。〔註14〕

《華陽國志·蜀志》還描述了杜宇時期的大致疆域：

> 七國稱王，杜宇稱帝。號曰望帝，更名蒲卑。自以功德高諸王。乃以褒斜為前門，熊耳、靈關為後戶，玉壘、峨眉為城郭，江、潛、綿、洛為池澤；以汶山為畜牧，南中為園苑。〔註15〕

如此，杜宇時期的疆域東至涪江一帶，西南至雅安蘆山，北至漢中，南至涼山地區。杜宇王朝的治所則在今郫縣一帶〔註16〕。關於杜宇時期疆域的記載可能有誇大之處，可能是杜宇王朝所影響的範圍，而非實際的邊界。關於杜宇的年代，童恩正先生認為大約為西周至春秋中期〔註17〕，段渝先生認

〔註12〕江章華：《成都平原先秦聚落變遷分析》，《考古》2015年第4期。

〔註13〕（清）嚴可均輯：《全上古三代秦漢三國六朝文》，上海：上海古籍出版社，2009年，第403頁。

〔註14〕（晉）常璩撰，任乃強校注：《華陽國志校補圖注》，上海：上海古籍出版社，1987年，第118頁。

〔註15〕（晉）常璩撰，任乃強校注：《華陽國志校補圖注》，上海：上海古籍出版社，1987年，第118頁。

〔註16〕童恩正：《古代的巴蜀》，重慶：重慶出版社，2004年，第50頁。

〔註17〕童恩正：《古代的巴蜀》，重慶：重慶出版社，2004年，第49頁。

為杜宇的年代為西周至春秋早期〔註18〕。大體可以認為杜宇時代為西周至春秋中期左右。

文獻對杜宇時代的記載已較為詳細，有都城、疆域，具備了國家的雛形。

第三階段，即為開明時代。杜宇王朝之後，開明族經過鬥爭，取代了杜宇族，掌握了蜀地的政權，關於這一段歷史，《蜀王本紀》載：

> 望帝積百餘歲，荊有一人名鱉靈。其屍亡去，荊人求之不得。鱉靈尸隨江水上至郫，遂活，與望帝相見，望帝以鱉靈為相。時玉山出水，若堯之洪水，望帝不能治，使鱉靈決玉山，民得安處。鱉靈治水去後，望帝與其妻通，慚愧，自以德薄不如鱉靈，乃委國授之而去，如堯之禪舜。鱉靈即位，號曰開明帝。〔註19〕

名義上看，開明王朝的建立，是杜宇族的禪讓，但由於開明族人來自於東部，並非本地族群，開明取代杜宇可能經過了激烈的鬥爭。開明王朝歷十二世，被秦所滅。開明九世以後，開明王將都城遷至成都，《華陽國志·蜀志》載：

> 開明王自夢郭移，乃徙治成都。〔註20〕

《蜀王本紀》也記載：

> 蜀王據有巴蜀之地，本治廣都樊鄉，徙居成都。〔註21〕

關於開明王朝的統治範圍，《華陽國志·蜀志》說：

> 盧帝攻秦，至雍。生保子帝。保子帝攻青衣，雄張獠僰。〔註22〕

這說明開明王朝北部至少已達漢中以北，與秦發生了鬥爭，南部已達川南長江附近。開明王朝的實力進一步鞏固，並將都城定於成都，奠定了後世成都城發展的基礎。

至秦張儀伐蜀，開明王朝滅亡，蜀地盡歸於秦。

〔註18〕段渝：《玉壘浮雲變古今——古代的蜀國》，成都：四川人民出版社，2001年，第155頁。

〔註19〕（清）嚴可均輯：《全上古三代秦漢三國六朝文》，上海：上海古籍出版社，2009年，第403頁。

〔註20〕（晉）常璩撰，任乃強校注：《華陽國志校補圖注》，上海：上海古籍出版社，1987年，第123頁。

〔註21〕（清）嚴可均輯：《全上古三代秦漢三國六朝文》，上海：上海古籍出版社，2009年，第403頁。

〔註22〕（晉）常璩撰，任乃強校注：《華陽國志校補圖注》，上海：上海古籍出版社，1987年，第122頁。

　　以上文獻的線索表明，在新石器時代至商代，蜀地主要為傳說中的蠶叢、柏濩及魚鳧三王時代，這一階段蜀人可能還未形成國家，其社會形態也不清楚。但成都平原上的蜀人由西北岷江上遊人群遷徙而來的線索是較為清晰的，而到魚鳧時期，蜀人已逐漸遷入成都平原的腹心地帶。西周至春秋早中期，成都平原為杜宇王朝所統治，杜宇王朝定都郫縣，疆域廣大，已初具國家形態。到春秋中晚期至戰國晚期，由東部而來開明族取代杜宇，統治成都平原，進一步鞏固了政權。

　　文獻所記載的杜宇、開明時代，與本文中成都平原商周墓葬的第一、第二期時間上基本重合，而第三期則對應了秦滅蜀以後。墓葬的三期劃分與杜宇王朝、開明王朝、秦滅蜀三大階段基本對應，說明《蜀王本紀》等對蜀人歷史的記載的基本線索是比較可信的，而杜宇、開明時期的社會發展狀況還不清楚，可結合本文對墓葬的分析簡要梳理。

　　杜宇時代，大體與本文的第一期對應，約為商代晚期至春秋早期，此時成都平原社會階層還不夠多元化，即便有類似三星堆、金沙遺址等等級極高的祭祀性遺存，成都羊子山遺址可能也是祭祀或宗教類活動場所〔註23〕。但從墓葬來看，整體社會仍然是較為扁平化、簡單化的。廣漢三星堆及成都金沙、成都羊子山群體中的少數上層人士掌握了宗教性、禮儀性的神權力量，以此來統治當時的社會。整個社會治理體系較為簡單和直接。而當時的社會資源也基本上都投入到神權、宗教及祭祀活動中了，並未將有限的資源投入到墓葬禮儀之中。當時的治理模式還未將喪葬活動納入規範的秩序之中。

　　在中原地區，商代的墓葬中已經呈現出巨大的等級差別，無論是墓葬的規模還是隨葬器物的多寡和精美程度，均表現出巨大的身份差異。且高等級的王陵是與其他墓地分離的，墓葬的巨大等級差異顯示出當時為成熟的等級社會。統治者已將墓葬禮儀納入到治理體系之中，在死後也需要呈現出身份的鴻溝，不能逾越。在西周之後，墓葬中青銅器逐漸形成了一套較為規範的器用制度，形成了以器物為中心的等級表達方式。中原地區此時已經是成熟的世俗王權社會，有著複雜的政治結構和嚴格的社會秩序。

　　與中原地區相比，成都平原的政治結構還非常簡單，社會秩序也尚未完全建立。事實上，除金沙遺址祭祀區、三星堆祭祀坑、成都羊子山土臺遺址、彭

〔註23〕 李明斌：《羊子山土臺再考》，《成都考古研究》（一），北京：科學出版社，2009年，第246～255頁。

州竹瓦街銅器窖藏之外，成都平原很少發現商至西周時期高等級的聚落，尤其是與複雜整體相對應的聚落內部結構。如未發現大規模銅器的鑄造場所及複雜而完善的城市結構等等。

如前所述，成都平原西周至春秋時期主要為十二橋文化及新一村文化，而十二橋及新一村文化風格的器物分布大體不出成都平原，但在陝西漢中城固寶山，川西南及川南的青衣江流域、大渡河流域及金沙江流域等周邊地區也有少量分布〔註24〕，尤其以雅安沙溪遺址為代表〔註25〕。這說明杜宇王朝的核心疆域為成都平原地區，可能曾經波及到川南、川西南地區以及漢中地區，但並未形成穩定的統治。

成都平原商周墓葬第一期的簡單化，以及發達的祭祀及宗教活動，表明是杜宇時代的社會是以神權為中心的社會形態，整體上落後於中原地區。

開明時代，大體對應本文的第二期，為春秋中期至戰國中期。多層級的墓葬顯示當時社會階層多元化，主要表現在隨葬器物方面，蜀人盡力構建一套類似於中原地區的器用制度，用於規範表達墓主人的身份等級，雖然結果與中原地區差距甚遠，但這一過程事實上也是蜀地社會演進的關鍵時期。喪葬禮儀的規範是世俗禮制社會的重要方面，在這一過程中，社會的政治結構漸趨複雜化，統治者逐漸脫離了神權階層轉而向軍事傾向濃厚的世俗王權階層轉變。至戰國時期，蜀人世俗王權社會基本形成。整體而言，本期的社會資源較第一階段充沛許多，有較多的珍貴資源投入到喪葬禮儀之中，這再次說明喪葬禮儀在政治規範中的重要性。

即便蜀人努力構建一套禮制體系，但與中原地區相比，仍然不夠成熟。此時的中原社會的墓葬中，已經有更為成熟和多元化的器用制度的表達，而且高等級墓葬的規模和等級差異較成都平原大出許多。以最為顯赫的新都馬家 M1 為例，該墓與楚墓存在較多相似之處，但實際上其規模遠不及楚王陵，也並未像楚王陵那樣有著精心規劃的陵園，大規模的陪葬墓、車馬坑等附屬設施。兩地之間體現出的巨大差異，是社會物質發展水平的巨大差距所導致的。雖然這一時期蜀人已經積累了一定的物質財富，但和中原諸地相比，仍然是相對貧乏之地。

〔註24〕 王彥玉：《商周時期川南地區與成都平原的文化交流》，《四川文物》2020 年第 5 期。

〔註25〕 四川省文物考古研究院、雅安市文物管理所：《2005 年雅安沙溪遺址發掘簡報》，《四川文物》2007 年第 3 期。

　　開明時代，成都平原商周墓葬的複雜化、等級化，體現出社會物質財富的增加以及社會複雜化的完成，進入了以世俗王權社會。

　　考古發現顯示，在川東地區，大量的墓葬文化因素與成都平原接近，兩地均大量使用船棺，銅器的形制也比較接近，表明兩地存在密切的文化聯繫，但可能並非同一國家，而是因為族群接近，因而習俗相近。結合開明族群可能來自東部地區，暗示兩地族群可能同源。

　　開明時代的墓葬中，出現了大量外來的文化因素，以楚文化為主，恰可說明蜀人對東部楚文化及中原文化的嚮慕，也證實了蜀、楚兩地族群可能存在較密切的聯繫，印證了《華陽國志·蜀志》「以酒曰禮，樂曰荊」的記載〔註26〕。

　　秦占蜀地，大體對應本文的第三期，為戰國晚期至秦末漢初，墓葬的總體特徵與第二期接近。秦滅巴蜀帶來了社會的巨大變化。從墓葬等級來看，除成都羊子山 M172 等極少數的高等級墓葬外，其餘的墓葬似乎等級都偏低，與開明時代較為完備的等級分布有所區別。這暗示在秦滅巴蜀後，蜀地上層基本瓦解。戰國晚期至漢初，成都平原西南地區出現了一些墓葬，可能與成都平原的人群遷移有關。秦滅巴蜀，蜀地原有的社會上層基本瓦解，社會整體呈現出貧乏的特徵。船棺基本消失，墓葬形制及隨葬器物呈現出同質化、程式化的特徵。這些都是秦征服蜀地、破壞原有的社會結構的結果。但客觀上而言，物質文化的同質化正是文化統一的標誌。

　　戰國晚期至漢初，隨著秦對東方諸地的統一進程，各地實際上也呈現出近似的特徵。以楚地為例，春秋戰國時期，出現了各種類型、各種等級的墓葬，且高等級墓葬的表達方式也多有差異，物質文化顯得豐富多彩而氣勢恢宏。到秦佔領郢都，楚國傳統核心區域被破壞以後，高等級的墓葬突然之間不復存在，代之以同質化的墓葬樣式和隨葬器物，而隨葬器物呈現出秦楚融合的現象。物質文化高度同質化、低等級化。這也是楚國整個社會被秦摧毀的文化表現。

　　在秦統一的過程中，所到之處原有的社會均被嚴重破壞，整個社會迅速在喪葬習俗上完成了區域性的統一，且均伴隨著秦文化的侵入。這種文化的統一是政治統一的表現也是政治統一的基礎。整個漢代疆域內呈現出高度的物質文化大一統，實際上開始於秦統一的進程。

〔註26〕　（晉）常璩撰，任乃強校注：《華陽國志校補圖注》，上海：上海古籍出版社，1987 年，第 122 頁。

綜上，從三王時代至杜宇時代，成都平原完成了向神權社會的轉變；到了開明時代，成都平原完成了神權社會到世俗王權社會的轉變。成都平原的社會發展進程總體上落後於中原地區，伴隨著秦的統一進程，其與中原地區原本存在的社會發展階段性的鴻溝得以跨越，同其他地區一道邁入了漢代文明的洪流之中。

第五節　小結

總的來說，從第一期到第二、三期，墓葬的等級差異顯示出社會結構的劇烈變化。第一期時，墓葬之間雖然也存在等級差異，但差異尚不夠明顯，推測當時社會結構相對簡單，統治階層主要通過神權來掌控社會，權力的體現和鞏固是通過發達的祭祀或宗教等群體性活動來實現的，其社會結構主要由掌握神權的少數群體和絕大部分的平民構成，中間階層可能並不突出。到第二、三期，墓葬之間的等級差異逐漸明顯和複雜，呈現出明顯的三大等級，說明當時社會階層也逐漸分化，等級差異大。中間階層的崛起，是相對第一期最為顯著的變化，中間階層成為社會穩定的主要力量。至戰國晚期，這種穩定的結構又逐漸被瓦解。

第二、三期社會階層在墓葬等級上的體現，有著較為深刻的社會和文化背景。大約在春秋以前，成都平原較少受到外來政治勢力或文化的影響，在文化上主要是沿著自身的特色不斷進化，文化面貌相對穩定。春秋中期後，成都平原乃至四川盆地與域外的聯繫增多，外來文化深刻地影響了本地文化。考古資料顯示，楚文化、中原文化因素在春秋中晚期以後不斷出現在成都平原，成都平原的文化面貌發生了重大變化，墓葬等級的分化在這一時期逐漸明顯。伴隨著外來文化的進入，成都平原的喪葬觀念出現了重要變化，開始學習楚地及中原地區，重視喪葬禮儀，商至西周社會的神權體系逐漸瓦解了。蜀人在吸收或借鑒外來文化時，並不能接觸到外來文化的全部，因此墓葬中的外來文化器物大多是零星出現，組合不完整。僅部分等級較高的墓葬能呈現出較整齊的組合。經過蜀人不斷的吸收和借鑒，本地逐漸形成了一套不太嚴謹的墓葬等級制度。

總的來說，成都平原商周墓葬等級化的實質是在外來文化的影響下喪葬觀念向世俗化轉變的結果。成都平原的社會形態或性質也完成了從神權主導的社會向世俗權力社會的轉變。

　　喪葬觀念的轉變，歸根到底還是政治結構或社會結構的變化引起的連鎖反映。在商和西周時期，成都平原大約是以神權或宗教的形式來控制社會的，政治結構相對簡單。此時中原地區已形成複雜的王權政治。春秋以後，蜀人在政治上受到了中原地區尤其是楚地的影響，逐漸向世俗王權政治過渡，至戰國時期逐漸趨於成熟。正是由於王權的強化，以及統治階層權力鞏固的需要，才需要將墓葬禮儀也納入權力的控制之中加以規範。總之，東周以後的蜀地政治及社會結構發生了巨大的變化，整體向世俗王權社會轉變，進而引發了喪葬禮儀的變革以及喪葬觀念的轉變。這種變化在墓葬中的具體體現主要就是器用制度以及墓葬等級制度。

　　墓葬分布與中心聚落存在一定的關聯。結合相關資料，推測在商至西周時期和戰國時期，成都平原均存在南北兩大中心聚落或聚落群，但春秋時期的中心聚落暫時還不清楚，但從目前的一些新的考古發現來看，成都市區北部是非常有可能的，如青白江雙元村墓地和郫縣犀園村遺址，尤其是最新發現的郫縣犀園村遺址中發現了春秋時期的墓葬 80 餘座〔註27〕，為尋找春秋時期大型聚落提供了重要線索。墓葬發展所體現的階段性與目前成都平原以陶器為中心的考古學文化的劃分還難以完全對應，顯示出墓葬材料在解析社會結構和發展階段的過程中有獨特的地位，兩者之間的關係還需進一步討論。

　　傳世文獻對蜀地歷史僅有少量記載，且多帶有傳說性質，本文對成都平原墓葬發展三期的劃分，與蜀地的杜宇時代、開明時代及秦占巴蜀時代大體能夠對應。墓葬不同階段的特徵表明杜宇時代，蜀地為神權社會，社會發展水平還不高；開明時代的蜀地為世俗王權社會，社會發展水平較高，但與中原地區仍有差距；至秦占巴蜀，蜀地才逐步融入漢文明之中。

〔註27〕熊譙喬、劉祥宇：《成都犀浦發現先秦聚落遺址》，《中國文物報》2021 年 10 月 1 日第 8 版。

結　論

　　通過對葬具形制以及隨葬銅器和陶器的類型學分析，本文將成都平原商周墓葬分為三期十段。第一期為第一至四段，第二期為第五至八段，第三期為第九、十段。第一段年代為商代晚期，第二段為商末周初，第三段為西周早中期，第四段為西周晚期至春秋初年，第五段為春秋早期偏晚至春秋中期，第六段為春秋晚期，第七段為戰國早期，第八段為戰國中期，第九段為戰國晚期，第十段為戰國末期至漢初。墓葬絕對年代的跨度達到了 1100 年以上。

　　在分期斷代的基礎上，本文對墓葬形制、隨葬器物的文化因素以及生產與流通、墓葬等級、喪葬習俗與觀念、墓葬的空間分布與墓地的形成過程等相關問題進行了分析，並討論了墓葬的階段性變化與社會結構、聚落中心、考古學文化及傳世文獻之間的關係。

　　1. 墓葬形制方面，船棺墓的產生、發展和消亡，是有關墓葬的形狀、空間演變的核心問題。船棺墓的面積大多在 1.5 至 5 平方米之間，長寬比在 3～7 之間；木棺墓的面積平均在 7 至 8 平方米，長寬比在 3 以下，平均為 2.2。本文認為大約在西周早中期，船棺開始出現，早期的船棺體量較小、較淺，從西周晚期開始，船棺墓成為最主流的墓葬形制。春秋時期，船棺墓處於鼎盛時期，至戰國早中期，船棺墓雖然仍然佔據著最大的比例，但此時已經出現了新的木棺墓乃至多室的木槨墓，這類墓葬的形制明顯是受到了域外文化的影響而出現的。至戰國晚期，船棺墓基本上走向了消亡，代之以木棺墓。

　　2. 隨葬器物的文化因素方面，除本地文化因素外，成都平原商周墓葬中的外來文化因素有楚文化、中原文化、吳越文化及秦文化因素等。在第一期，僅有少量的中原文化因素；第二期，有大量的中原、楚及吳越文化因素進入成

都平原；第三期，仍存在少量的外來文化因素，主要為楚文化和秦文化因素。以文化因素的辨析為基礎，本文還分析了本地陶器、本地銅器以及外來銅器的生產和流通情況。本地風格的陶器生產經歷了從小作坊到半專門化再到專門化的過程，流通則逐漸商業化、市場化。本地風格的銅器生產一直呈現出半專門化的特徵，流通則為半商業化和半市場化的形態。外來風格銅器，從非本地生產到少量為本地生產，從零星輸入到高層控制的特殊渠道的穩定輸入。科技分析也表明成都平原可能與楚地等域外存在礦料的交流。無論如何，當時確實存在一條蜀楚之間的高層交流渠道，蜀人才得以獲得這些珍貴的資源和製造技術。在空間上來說，蜀楚兩地的交換渠道可能與漢水和長江兩大水系有關，而在春秋晚期至戰國中晚期主要以漢水至川東的渠道為主，宣漢羅家壩墓地正是在這種背景之下出現的，可能是蜀、楚聯繫路線的中間「據點」。

3. 墓葬等級方面，第一期墓葬之間的等級差異總體較小，且僅有金沙蘭苑 M33、新都同盟村 M7 等少數的墓葬等級明顯高於其他墓葬。從墓葬的角度來看，當時的社會等級差異不明顯，而這可能與金沙遺址、三星堆遺址所發現的高等級祭祀遺存不相吻合。至第二、三期，墓葬大致能夠分出五個等級，且等級之間的差異明顯，中間階層數量最多，是當時社會穩定的基礎，社會上層與中下階層差異較大。而到了戰國末期，由於秦的佔領，除成都羊子山 M172 外，幾乎沒有等級極高的墓葬，上層社會受到了較明顯的衝擊，中下階層保持穩定。高等級的墓葬中常見同類符號，如新都馬家 M1 的符號較單一且為其他墓葬不見，其功能類似於族徽銘文。而低等級墓葬中的符號種類頗多，則可能用於表達某種含義，其功能與原始文字比較接近。

4. 喪葬習俗方面，成都平原商周墓葬在墓葬方向、葬式、器物位置等方面都呈現出總體穩定又不斷變化的特徵。這些習俗的穩定存在和發展，暗示本地的人群結構相對穩定。在墓向方面，成都平原商周墓葬主要存在西北─東南向和東北─西南向兩種方式，且商至西周時期主要以西北─東南向居多，之後東北─西南向佔據主流。葬式方面，戰國以前葬式均呈多元化的特徵，單人葬與合葬並行、一次葬與二次葬均有，而戰國以後以單人一次葬為主，葬式趨於統一，暗示整個社會的習俗可能受到了某種強制約束。隨葬器物的位置方面，總體上不同材質或性質的器物放置在不同的位置。商至西周時期，隨葬器物主要為陶器和石器等，陶器一般放置在頭或腳的一端，而石器則放置在胸部、腹部等距人身體較近的位置。至戰國以後，由於墓葬形制的多元

化以及墓室空間的擴大，不同性質的器物常常放置在一起，兵器、工具和容器等常常分開放置。在這一背景之下，墓葬中的銅鉞仍然充當的是兵器的角色，這與日常生活中其功能可能並不一致。較小的銅模型器，與實用銅器的位置截然不同，暗示其可能主要服務於喪葬禮儀。高等級墓葬內部的器物放置更為考究，目的是為了營造墓主人的地下禮儀空間。成都平原的墓葬還存在一些特殊的喪葬習俗，如春秋以前的墓葬常隨葬磨石、玉石條，這可能與墓主人的身份密切相關；春秋時期的墓葬則流行隨葬朱砂和動物骨骼；戰國時期的腰坑可能受到外來文化的影響。這些葬俗也隨著社會變革而不斷更替。

5. 從器用制度的表達以及隨葬器物的復古潮流，本文試圖理解當時人們的喪葬觀念。蜀人在春秋以前幾乎沒有任何的器用制度，墓葬僅僅是人死後的安息之地，而春秋中晚期以後，逐漸學習中原地區，試圖在墓葬中建立一套秩序，以將地下世界也納入禮儀規範之中。蜀人既以尚五的方式來推動本土的禮制革新，但同時也嚮慕楚文化的偶數制度，始終徘徊在兩種器用方式之間，最終也沒能建立一套自身的器用制度。以商業街船棺墓地為代表的蜀地高層，以隨葬高質量的漆器和陶器來代替外來風格的銅器，是本土上層社會的獨特禮制表達。在推崇本土禮制復興的背景下，銅罍、三角援戈等具有濃厚復古傾向的器物常用於隨葬，而部分帶有外來文化因素的銅器在裝飾上也有強烈的復古風格。喪葬觀念總體向重視喪葬禮儀的方向轉變。

6. 墓地內部的墓葬分布格局，而是動態的不斷累積而成的。從典型墓地來看，從早到晚，墓地均為精心規劃，在數百年的時間內也少有打破關係，暗示了當時墓地的規劃和管理較為嚴格。在戰國以前，墓地中墓葬的排列常較為有序，通常會成列成行地排列；戰國之後的墓地中，成列成行的排列較少見，常見幾座墓葬並排的合葬墓。這反映出家族結構可能發生了變化。高等級墓地中墓葬的位置甚至與族群內部的親疏關係和下葬時間均存在密切關係，是嚴格規劃的結果。戰國以後，高等級墓葬常常佔據了墓地的核心位置或單獨形成陵園，與中下層墓葬分離開來，這也是社會權力等級分化的表現。

7. 從墓地的分布以及相關高等級居址的發現來看，成都平原可能存在聚落中心的轉移，商至西周時期大約在南部的金沙遺址和北部的三星堆遺址一帶。春秋早中期的中心不明確，可能在成都平原偏北部區域。春秋晚期至戰國大約遷到今市中心西一環路附近，成都平原北部仍然存在另一處中心聚落群。成都平原的中心性聚落似乎存在雙中心的傳統。聚落中心的轉移在一定程度

上能夠反映出成都平原政治中心的變化。

8. 商至西周時期，成都平原墓葬等級分化不明顯，社會結構層次不夠分明，上層社會主要通過祭祀等宗教活動控制社會，為神權社會；春秋中期尤其是戰國之後，墓葬等級分化明顯，社會結構層次分明，中間階層成為中堅力量，上層社會通過規範喪葬禮儀中的等級制度來控制社會，社會性質轉變為類似中原的世俗王權社會。社會結構和性質的轉變，直接的後果是引起了喪葬觀念的轉變，喪葬習俗從簡單、務實轉變為以等級秩序為核心的禮制，進一步與中原地區趨同。在商至西周時期，由於社會物質發展水平較低，墓葬的功能僅僅是存放人類遺體，僅僅是人身體的埋葬空間，並未將更多的社會資源投入到墓葬之中。總體而言，是一種偏向於薄葬的簡單的喪葬觀念。到春秋戰國時期，社會物質水平顯著提高，墓葬被置於更大範圍的禮制表達和政治規範之中，喪葬禮儀逐漸成為上層社會注重的方面，也由此成為社會大眾所關注的層面。厚葬之風逐漸興起，上層社會試圖在墓葬中構建起一套禮儀制度，而其中最重要的是等級制度。人們試圖通過墓葬空間的規劃以及隨葬器物的放置，為逝者營造一個地下世界，使其在另外的世界還能繼續生前的生活。事死如事生的觀念逐漸改變了薄葬的風潮，轉為厚葬。以秦、楚為外表的外部政治和文化勢力的進入，是成都平原社會結構和性質變遷的重要原因之一。

9. 成都平原商周墓葬的發展階段與成都平原基於陶器編年的考古學文化還不能完全對應，考古學文化研究側重文化特徵方面，而墓葬研究則側重於社會結構方面，兩者之間互為補充。成都平原商周墓葬的第一期、第二期大體可與文獻記載的杜宇時代、開明時代相對應，第三期則與秦佔領巴蜀時期相對應，墓葬的內涵極大地充實了古蜀歷史的具體內容。墓葬發展階段與蜀地古史在研究中可以互為補充。

由於材料的限制以及筆者時間、精力的關係，本文還存在諸多不足之處，如涉及器物生產、流通的研究可結合科技分析進一步展開、成都平原商周墓葬與巴蜀古史之間的關係討論尚不夠深入等等，筆者希望將來能進一步完善。

參考文獻

一、古籍

1. （漢）司馬遷：《史記》（點校本），北京：中華書局，1982 年。

2. （晉）常璩撰，任乃強校注：《華陽國志校補圖注》，上海：上海古籍出版社，1987 年。

3. （清）嚴可均輯：《全上古三代秦漢三國六朝文》，上海：上海古籍出版社，2009 年。

4. 楊伯峻：《春秋左傳注》，北京：中華書局，1990 年。

二、田野考古資料

（一）考古報告

1. 成都文物考古研究所：《成都商業街船棺葬》，北京：文物出版社，2009 年。

2. 成都文物考古研究院、成都金沙遺址博物館：《金沙遺址——陽光地帶二期地點發掘報告》，北京：文物出版社，2017 年。

3. 成都文物考古研究院、四川大學歷史文化學院：《郫縣波羅村遺址》，北京：科學出版社，2019 年。

4. 郭寶鈞：《山彪鎮與琉璃閣》，北京：科學出版社，1959 年。

5. 河北省文物研究所：《譻墓——戰國中山國國王之墓》，北京：文物出版社，1995 年。

6. 河南省文物考古研究所：《鄭州商城》，北京：文物出版社，2001 年。

7. 河南省文物考古研究所、南陽市文物考古研究所：《淅川和尚嶺與徐家嶺楚墓》，鄭州：大象出版社，2004 年。

8. 河南省文物研究所、河南省丹江庫區考古發掘隊、淅川縣博物館：《淅川下寺春秋楚墓》，北京：文物出版社，1991 年。

9. 湖北省博物館：《曾侯乙墓》，北京：文物出版社，1989 年。

10. 湖北省荊沙鐵路考古隊：《包山楚墓》，北京：文物出版社，1991 年。

11. 湖北省荊州地區博物館：《江陵馬山一號楚墓》，北京：文物出版社，1985 年。

12. 湖北省文物考古研究所：《江陵望山沙冢楚墓》，北京：文物出版社，1996 年。

13. 湖北省文物考古研究所、襄樊市考古隊、襄陽市文物管理處：《襄陽王坡東周秦漢墓》，北京：科學出版社，2005 年。

14. 湖北省文物考古研究所、襄陽市文物考古研究所：《襄陽陳坡》，北京：科學出版社，2013 年。

15. 湖北省宜昌地區博物館、北京大學考古系：《當陽趙家湖楚墓》，北京：文物出版社，1992 年。

16. 洛陽市文物考古工作隊：《洛陽王城廣場東周墓》，北京：文物出版社，2009 年。

17. 盧連成、胡智生：《寶雞強國墓地》，北京：文物出版社，1988 年，第 74 頁。

18. 茂縣羌族博物館、成都文物考古研究所、阿壩藏族羌族自治州文物管理所：《茂縣牟托一號石棺墓》，北京：文物出版社，2012 年。

19. 內蒙古自治區文物考古研究所、寧城縣遼中京博物館：《小黑石溝——夏家店上層文化遺址發掘報告》，北京：科學出版社，2009 年。

20. 山東兗石鐵路文物考古工作隊：《臨沂鳳凰嶺東周墓》，濟南：齊魯書社，1988 年。

21. 山西省考古研究所、山西博物院、長治市博物館：《長治分水嶺》，北京：文物出版社，2010 年。

22. 山西省考古研究所、太原市文物管理委員會：《太原晉國趙卿墓》，北京：文物出版社，1996 年。

23. 四川省博物館：《四川船棺葬發掘報告》，北京：文物出版社，1960 年。

24. 四川省文物考古研究院、成都文物考古研究所：《成都十二橋》，北京：文物出版社，2009 年。

25. 四川省文物考古研究院、德陽市文物考古研究所、什邡市博物館：《什邡城關戰國秦漢墓地》，北京：文物出版社，2006 年。

26. 四川省文物考古研究院、廣漢市文物保護管理所：《廣漢二龍崗》，北京：文物出版社，2014 年。

27. 隨州市博物館：《隨州擂鼓墩二號墓》，北京：文物出版社，2008 年。

28. 西北大學文博學院：《城固寶山——1998 年發掘報告》，北京：文物出版社，2002 年。

29. 襄陽市文物考古研究所：《余崗楚墓》，北京：科學出版社，2011 年。

30. 《雲夢睡虎地秦墓》編寫組：《雲夢睡虎地秦墓》，北京：文物出版社，1981 年。

31. 中國社會科學院考古研究所：《洛陽中州路〈西工段〉》，北京：科學出版社，1959 年。

32. 中國社會科學院考古研究所：《陝縣東周秦漢墓》，北京：科學出版社，1994 年。

（二）考古簡報

1. 安徽省文物考古研究所、六安市文物管理局：《安徽六安市白鷺洲戰國墓 M566 的發掘》，《考古》2012 年第 5 期。

2. 安志敏：《河北省唐山市賈各莊發掘報告》，《考古學報》1953 年第 Z1 期。

3. 蔡運章、梁曉景、張長森：《洛陽西工 131 號戰國墓》，《文物》1994 年第 7 期。

4. 曹明檀、尚志儒：《陝西鳳翔出土的西周青銅器》，《考古與文物》1984 年第 1 期。

5. 成都市博物館：《成都出土一批戰國銅器》，《文物》1990 年第 11 期。

6. 成都市博物館考古隊：《成都京川飯店戰國墓》，《文物》1989 年第 2 期。

7. 成都市博物館考古隊：《成都中醫學院戰國土坑墓》，《文物》1992 年第 1 期。

8. 成都市考古隊：《成都化成小區戰國墓發掘清理簡報》，《成都文物》1996 年第 4 期。

9. 成都市文物管理處：《成都市金牛區發現兩座戰國墓葬》，《文物》1985 年第 5 期。

10. 成都市文物管理處:《成都三洞橋青羊小區戰國墓》,《文物》1989 年第 5 期。

11. 成都市文物考古工作隊:《成都西郊金魚村發現的戰國土坑墓》,《文物》1997 年第 3 期。

12. 成都市文物考古工作隊:《成都市金沙巷戰國墓清理簡報》,《文物》1997 年第 3 期。

13. 成都市文物考古工作隊:《成都西郊水利設計院土坑墓清理簡報》,《考古與文物》2000 年第 4 期。

14. 成都市文物考古工作隊:《四川成都市北郊戰國東漢及宋代墓葬發掘簡報》,《考古》2001 年第 3 期。

15. 成都市文物考古工作隊:《成都西郊石人小區戰國土坑墓發掘簡報》,《文物》2002 年第 4 期。

16. 成都市文物考古工作隊、成都市文物考古研究所:《成都市光榮小區土坑墓發掘簡報》,《文物》1998 年第 11 期。

17. 成都市文物考古工作隊、蒲江縣文物管理所:《成都市蒲江縣船棺墓發掘簡報》,《文物》2002 年第 4 期。

18. 成都市文物考古研究所:《成都市金沙遺址「蘭苑」地點發掘簡報》,《成都考古發現》(2001),北京:科學出版社,2003 年,第 1～32 頁。

19. 成都市文物考古研究所:《金沙遺址蜀風花園城二期地點試掘簡報》,《成都考古發現》(2001),北京:科學出版社,2003 年,第 33～53 頁。

20. 成都市文物考古研究所:《成都金沙遺址 I 區「梅苑」地點發掘一期簡報》,《文物》2004 年第 4 期。

21. 成都市文物考古研究所:《成都金沙遺址萬博地點考古勘探與發掘收穫》,《成都考古發現》(2002),北京:科學出版社,2004 年,第 62～95 頁。

22. 成都市文物考古研究所:《成都十二橋遺址新一村發掘簡報》,《成都考古發現》(2002),北京:科學出版社,2004 年,第 172～208 頁。

23. 成都市文物考古研究所:《金沙村遺址人防地點發掘簡報》,《成都考古發現》(2003),北京:科學出版社,2005 年,第 89～119 頁。

24. 成都市文物考古研究所:《成都市文廟西街戰國墓葬發掘簡報》,《成都考古發現》(2003),北京:科學出版社,2005 年,第 244～265 頁。

25. 成都市文物考古研究所:《成都市青龍鄉海濱村墓葬發掘簡報》,《成都考古發現》(2003),北京:科學出版社,2005 年,第 266～307 頁。

26. 成都市文物考古研究所、龍泉驛區文物管理所:《成都龍泉驛區北幹道木槨墓群發掘簡報》,《文物》2000 年第 8 期。

27. 成都市文物考古研究所、郫縣博物館:《郫縣風情園及花園別墅戰國至西漢墓群發掘報告》,《成都考古發現》(2002),北京:科學出版社,2004 年,第 277～315 頁。

28. 成都市新都區文物管理所:《成都市新都區清鎮村土坑墓發掘簡報》,《成都考古發現》(2005),北京:科學出版社,2007 年,第 289～300 頁。

29. 成都市新都區文物管理所:《成都新都秦墓發掘簡報》,《文物》2014 年第 10 期。

30. 成都文物考古研究所:《金沙遺址「國際花園」地點發掘簡報》,《成都考古發現》(2004),北京:科學出版社,2006 年,第 118～175 頁。

31. 成都文物考古研究所:《成都市金沙遺址「春雨花間」地點發掘簡報》,《成都考古發現》(2004),北京:科學出版社,2006 年,第 217～254 頁。

32. 成都文物考古研究所:《涼水井街戰國墓葬出土的青銅器》,《成都考古發現》(2004),北京:科學出版社,2006 年,第 306～311 頁。

33. 成都文物考古研究所:《成都市郫縣三道堰鎮宋家河壩遺址發掘報告》,《成都考古發現》(2007),北京:科學出版社,2009 年,第 104～137 頁。

34. 成都文物考古研究所:《金沙遺址星河路西延線地點發掘簡報》,《成都考古發現》(2008),北京:科學出版社,2010 年,第 75～140 頁。

35. 成都文物考古研究所:《成都中海國際社區 2 號地點商周遺址發掘報告》,《成都考古發現》(2010),北京:科學出版社,2012 年,第 171～254 頁。

36. 成都文物考古研究所:《蒲江縣飛龍村鹽井溝古墓葬》,《成都考古發現》(2011),北京:科學出版社,2013 年,第 338～372 頁。

37. 成都文物考古研究所:《成都市金沙遺址「黃河」地點墓葬發掘簡報》,《成都考古發現》(2012),北京:科學出版社,2014 年,第 177～217 頁。

38. 成都文物考古研究所、彭州市博物館:《彭州市太清鄉龍泉村遺址戰國時期文化遺存 2003 年發掘報告》,《成都考古發現》(2004),科學出版社,2006 年,第 283～305 頁。

39. 成都文物考古研究所、彭州市博物館：《四川彭州市龍泉村遺址戰國遺存》，《考古》2007 年第 4 期。

40. 成都文物考古研究所、郫縣望叢祠博物館：《成都郫縣波羅村商周遺址發掘報告》，《考古學報》2016 年第 1 期。

41. 成都文物考古研究所、新都區文物管理所：《成都市新都區同盟村遺址商周時期遺存發掘簡報》，《四川文物》2015 年第 5 期。

42. 成都文物考古研究院、青白江區文物保護中心：《四川成都雙元村東周墓地一五四號墓發掘》，《考古學報》2020 年第 3 期。

43. 韓偉、曹明檀：《陝西鳳翔高王寺戰國銅器窖藏》，《文物》1981 年第 1 期。

44. 河北省文物研究所：《河北新樂中同村發現戰國墓》，《文物》1985 年第 6 期。

45. 何國良：《江西瑞昌市出土春秋青銅鼎》，《考古與文物》1992 年第 5 期。

46. 河南省文物考古研究所、平頂山市文物局：《平頂山應國墓地十號墓發掘簡報》，《中原文物》2007 年第 4 期。

47. 湖北省博物館：《襄陽山灣東周墓葬發掘報告》，《江漢考古》1983 年第 2 期。

48. 湖北省博物館：《襄陽蔡坡戰國墓發掘報告》，《江漢考古》1985 年第 1 期。

49. 湖北省文物考古研究所：《湖北省麻城市李家灣春秋楚墓》，《考古》2000 年第 5 期。

50. 湖北省文物考古研究所：《湖北鄖縣喬家院春秋殉人墓》，《考古》2008 年第 4 期。

51. 湖南省博物館：《湖南資興舊市戰國墓》，《考古學報》1983 年第 1 期。

52. 賴有德：《成都天回山發現三座土坑墓》，《考古》1959 年第 8 期。

53. 賴有德：《成都南郊出土的銅器》，《考古》1959 年第 10 期。

54. 李復華：《四川郫縣紅光公社出土戰國銅器》，《文物》1976 年第 10 期。

55. 廖光華：《彭縣致和鄉出土戰國青銅器》，《四川文物》1989 年第 1 期。

56. 遼寧省文物考古研究所、葫蘆島市博物館、建昌縣文物管理所：《遼寧建昌東大杖子墓地 2003 年發掘簡報》，《邊疆考古研究》第 18 輯，北京：科學出版社，2015 年，第 39～56 頁。

57. 遼寧省文物考古研究所、葫蘆島市博物館、建昌縣文物局：《遼寧建昌東大杖子墓地 2000 年發掘簡報》，《文物》2015 年第 11 期。

58. 劉章澤、張生剛、徐偉：《四川德陽羅江周家壩戰國船棺墓地》，《中國重要考古發現》（2012），北京：文物出版社，2013年，第67〜69頁。

59. 龍騰：《四川蒲江縣巴族武士船棺》，《考古》1982年第12期。

60. 龍騰、李平：《蒲江朝陽鄉發現古代巴蜀船棺》，《四川文物》1991年第3期。

61. 羅開玉、周爾泰：《成都白果林小區四號船棺》，《成都文物》1990年第3期。

62. 羅開玉、周爾泰：《成都羅家碾發現的二座蜀文化墓葬》，《考古》1993年第2期。

63. 洛陽市文物工作隊：《洛陽解放路戰國陪葬坑發掘報告》，《考古學報》2002年第3期。

64. 洛陽市文物工作隊：《洛陽市針織廠東周墓（C1M5269）的清理》，《文物》2001年第12期。

65. 郫縣文化館：《四川郫縣發現戰國船棺葬》，《考古》1980年第6期。

66. 三門峽市文物考古研究所：《三門峽市西苑小區戰國墓（M1）發掘簡報》，《文物》2008年第2期。

67. 山西省考古研究所：《山西長子縣東周墓》，《考古學報》1984年第4期。

68. 山西省考古研究所、太原市文物管理委員會：《太原金勝村251號春秋大墓及車馬坑發掘簡報》，《文物》1989年第9期。

69. 沈作霖：《紹興出土的春秋戰國文物》，《考古》1979年第5期。

70. 石家莊地區文物研究所：《河北新樂縣中同村戰國墓》，《考古》1984年第11期。

71. 四川省博物館：《四川新凡縣水觀音遺址試掘簡報》，《考古》1959年第8期。

72. 四川省博物館：《成都百花潭中學十號墓發掘記》，《文物》1976年第3期。

73. 四川省博物館：《成都西郊戰國墓》，《考古》1983年第7期。

74. 四川省博物館：《四川綿竹縣船棺墓》，《文物》1987年第10期。

75. 四川省博物館、新都縣文物管理所：《四川新都戰國木槨墓》，《文物》1981年第6期。

76. 四川省文管會：《四川彭縣發現船棺葬》，《文物》1985年第5期。

77. 四川省文管會、大邑縣文化館：《四川大邑五龍戰國巴蜀墓葬》，《文物》

1985 年第 5 期。

78. 四川省文物管理委員會:《成都羊子山第 172 號墓發掘報告》,《考古學報》1956 年第 4 期。

79. 四川省文物管理委員會:《成都戰國土坑墓發掘簡報》,《文物》1982 年第 1 期。

80. 四川省文物管理委員會:《成都市出土的一批戰國銅兵器》,《文物》1982 年第 8 期。

81. 四川省文物管理委員會、蒲江縣文物管理所:《蒲江縣戰國土坑墓》,《文物》1985 年第 5 期。

82. 四川省文物考古研究所三星堆遺址工作站:《四川廣漢市三星堆遺址仁勝村土坑墓》,《考古》2004 年第 10 期。

83. 四川省文物考古研究院:《四川廣漢市三星堆遺址青關山戰國墓發掘簡報》,《四川文物》2015 年第 4 期。

84. 四川省文物考古研究院、雅安市文物管理所:《2005 年雅安沙溪遺址發掘簡報》,《四川文物》2007 年第 3 期。

85. 隨州市博物館:《隨州均川出土銘文青銅器》,《江漢考古》1986 年第 2 期。

86. 隨州市博物館:《隨州東城區發現東周墓葬和青銅器》,《江漢考古》1989 年第 1 期。

87. 孫繼安:《河北容城縣南陽遺址調查》,《考古》1993 年第 3 期。

88. 譚瓊:《記成都西城發現的戰國墓葬》,《成都文物》1988 年第 4 期。

89. 王家祐:《記四川彭縣竹瓦街出土的銅器》,《文物》1961 年第 11 期。

90. 王天佑:《成都市青白江區雙元村東周墓地》,《中國考古學年鑒》(2017),北京:中國社會科學出版社,2018 年,第 406～407 頁。

91. 吳縣文物管理所:《江蘇吳縣何山東周墓》,《文物》1984 年第 5 期。

92. 湘鄉縣博物館:《湘鄉縣五里橋、何家灣古墓葬發掘簡報》,《湖南考古輯刊》(3),北京:中國社會科學出版社,1986 年,第 39～44 頁。

93. 謝濤:《成都運動創傷研究所發現土坑墓》,《成都文物》1993 年第 3 期。

94. 楊權喜:《襄陽山灣出土的鄀國和鄧國青銅器》,《江漢考古》1983 年第 1 期。

95. 易立、楊波:《四川成都張家墩戰國秦漢墓地》,《2016 中國重要考古發現》,北京:文物出版社,2017 年,第 74～76 頁。

96. 益陽市文物管理處：《湖南桃江腰子侖春秋墓》，《考古學報》2003 年第 4 期。

97. 雲南省文物考古研究所、玉溪市文物管理所、澄江縣文物管理所、吉林大學邊疆考古研究中心：《雲南澄江縣金蓮山墓地 2008~2009 年發掘簡報》，《考古》2011 年第 1 期。

98. 鎮江博物館：《江蘇鎮江諫壁王家山東周墓》，《文物》1987 年第 12 期。

99. 朱章義、劉駿：《成都市黃忠村遺址 1999 年度發掘的主要收穫》，《成都考古發現》（1999），北京：科學出版社，2001 年，第 164～180 頁。

100. 駐馬店地區文管會、泌陽縣文教局：《河南泌陽秦墓》，《文物》1980 年第 9 期。

三、圖錄

1. 安徽大學、安徽省文物考古研究所：《皖南商周青銅器》，北京：文物出版社，2006 年。

2. 寶雞青銅器博物院：《青銅鑄文明》，西安：世界圖書出版西安公司，2010 年。

3. 陳夢家：《美國所藏中國銅器集錄》，北京：金城出版社，2016 年。

4. 成都博物館：《花重錦官城──成都博物館歷史文物擷珍》，成都：四川美術出版社，2018 年。

5. 重慶中國三峽博物館：《盛筵──見證〈史記〉中的大西南》，成都：四川美術出版社，2018 年。

6. 湖南省博物館：《東方既白：春秋戰國文物大聯展》，長沙：嶽麓書社，2017 年。

7. 李伯謙主編：《中國出土青銅器全集·18》，北京：科學出版社，2018 年。

8. 陝西省考古研究所、陝西省文物管理委員會、陝西省博物館：《陝西出土商周青銅器》，北京：文物出版社，1980 年。

9. 四川省博物館：《巴蜀青銅器》，成都：成都出版社，1993 年。

10. 天津博物館：《天津博物館藏青銅器》，北京：文物出版社，2018 年。

11. 中國青銅器全集編輯委員會：《中國青銅器全集·巴蜀》，北京：文物出版社，1994 年。

12. 中國青銅器全集編輯委員會：《中國青銅器全集·東周 2》，北京：文物出版社，1995 年。

13. 中國青銅器全集編輯委員會：《中國青銅器全集・東周 3》，北京：文物出版社，1997 年。

14. 中國青銅器全集編輯委員會：《中國青銅器全集・東周 4》，北京：文物出版社，1998 年。

15. 中國青銅器全集編輯委員會：《中國青銅器全集・西周 1》，北京：文物出版社，2005 年。

四、研究專著

1. 段渝：《玉壘浮雲變古今——古代的蜀國》，成都：四川人民出版社，2001 年。

2. 段渝：《成都通史卷（古蜀時期）》，成都：四川人民出版社，2011 年。

3. 段渝、鄒一清：《日落船棺》，成都：巴蜀書社，2007 年。

4. 高文、高成剛：《巴蜀銅印》，上海：上海書店出版社，1998 年。

5. 管維良：《巴蜀符號》，重慶：重慶出版社，2011 年。

6. 黃尚明：《蜀文化研究》，武漢：華中師範大學出版社，2007 年。

7. 霍巍、黃偉：《四川喪葬文化》，成都：四川人民出版社，1992 年。

8. 李紹明、林向、徐南洲：《巴蜀歷史・民族・考古・文化》，成都：巴蜀書社，1991 年。

9. 路國權：《東周青銅容器譜系研究》，上海：上海古籍出版社，2018 年。

10. 孫華：《四川盆地的青銅時代》，北京：科學出版社，2000 年。

11. 童恩正：《古代的巴蜀》，重慶：重慶出版社，2004 年。

12. 萬嬌：《從三星堆遺址看成都平原文明進程》，北京：科學出版社，2020 年。

13. 嚴志斌、洪梅：《巴蜀符號集成》，北京：科學出版社、龍門書局，2019 年。

14. 姚智輝：《晚期巴蜀青銅器技術研究及兵器斑紋工藝探討》，北京：科學出版社，2006 年。

15. 張昌平：《曾國青銅器研究》，北京：文物出版社，2009 年。

16. 張宏：《四川地理》，北京：北京師範大學出版社，2016 年。

17. 趙殿增：《三星堆文化與巴蜀文明》，南京：江蘇教育出版社，2005 年。

18. 朱鳳瀚：《古代中國青銅器》，天津：南開大學出版社，1995 年。

19. 朱萍：《楚文化的西漸——楚國經營西部的考古學觀察》，成都：巴蜀書社，2010 年。

五、研究論文

1. 陳明芳：《論船棺葬》，《東南文化》1991 年第 1 期。

2. 陳雲洪：《成都金沙遺址船棺葬的分析》，《南方民族考古》第十輯，北京：科學出版社，2014 年，第 45～59 頁。

3. 陳雲洪：《四川地區船棺葬的考古學觀察》，《邊疆考古研究》第 17 輯，北京：科學出版社，2015 年，第 241～268 頁。

4. 代麗鵑：《名相之辨：四川盆地青銅「鍼」研究》，《南方民族考古》第七輯，北京：科學出版社，2012 年，第 211～224 頁。

5. 代麗鵑：《銅曲刃戈形器造型來源及年代試析》，《中國國家博物館館刊》2013 年第 7 期。

6. 代麗鵑：《成都平原小型青銅兵器研究》，《考古學報》2017 年第 4 期。

7. 杜乃松：《論巴蜀青銅器》，《江漢考古》1985 年第 3 期。

8. 段渝：《巴蜀古文字的兩系及其起源》，《考古與文物》1983 年第 1 期。

9. 段渝：《巴蜀青銅文化的演進》，《文物》1996 年第 3 期。

10. 段渝：《商代中國西南青銅劍的來源》，《社會科學研究》2009 年第 2 期。

11. 馮漢驥：《關於「楚公蒙」戈的真偽並略論四川「巴蜀」時期的兵器》，《文物》1961 年第 1 期。

12. 馮漢驥、楊有潤、王家祐：《四川古代的船棺葬》，《考古學報》1958 年第 2 期。

13. 高文：《巴蜀銅印淺析》，《四川文物》1999 年第 2 期。

14. 郜向平：《西周墓葬方向及相關問題探討》，《三代考古》（九），北京：科學出版社，2021 年，第 438～447 頁。

15. 高誌喜：《「楚公蒙」戈》，《文物》1959 年第 12 期。

16. 郭明、高大倫：《考古學視角下的巴蜀印章研究》，《四川文物》2018 年第 1 期。

17. 胡昌健：《巴蜀銅印章探微》，《四川文物》1995 年第 5 期。

18. 黃尚明：《關於川渝地區船棺葬的族屬問題》，《江漢考古》2005 年第 2 期。

19. 黃尚明：《試論楚文化對晚期蜀文化的影響》，《江漢考古》2006 年第 2 期。

20. 黃尚明:《從考古學文化看漢水在文化交流中的作用》,《華夏考古》2008年第 2 期。

21. 霍巍、黃偉:《試論無胡蜀式戈的幾個問題》,《考古》1989 年第 3 期。

22. 洪梅:《試析戰國時期巴蜀文化的墓葬形制》,《華夏考古》2009 年第 1 期。

23. 洪梅:《「巴蜀符號兩系說」質疑——以 6 件特殊銘文的虎紋戈為例》,《四川文物》2019 年第 2 期。

24. 江章華:《巴蜀地區的移民墓研究》,《四川文物》1991 年第 1 期。

25. 江章華:《巴蜀柳葉形劍淵源試探》,《四川文物》1992 年第 1 期。

26. 江章華:《巴蜀柳葉形劍研究》,《考古》1996 年第 9 期。

27. 江章華:《戰國時期古蜀社會的變遷——從墓葬分析入手》,《四川文物》2008 年第 2 期。

28. 江章華:《金沙遺址的初步分析》,《文物》2010 年第 2 期。

29. 江章華:《成都平原先秦聚落變遷分析》,《考古》2015 年第 4 期。

30. 江章華:《巴蜀符號的變遷及其性質分析》,《四川文物》2020 年第 1 期。

31. 江章華、王毅、張擎:《成都平原先秦文化初論》,《考古學報》2002 年第 1 期。

32. 江章華、顏勁松:《成都商業街船棺出土漆器及相關問題探討》,《四川文物》2003 年第 6 期。

33. 江章華、張擎:《巴蜀墓葬的分區與分期初論》,《四川文物》1999 年第 3 期。

34. 井中偉:《川渝地區出土銅戈及相關問題研究》,《邊疆考古研究》第 5 輯,北京:科學出版社,2007 年,第 70～99 頁。

35. 雷雨:《試論什邡城關墓地的分期與年代》,《四川文物》2006 年第 3 期。

36. 李復華、王家祐:《關於「巴蜀圖語」的幾點看法》,《貴州民族研究》1984 年第 4 期。

37. 黎海超、崔劍鋒:《試論晉、楚間的銅料流通——科技、銘文與考古遺存的綜合研究》,《考古與文物》2018 年第 2 期。

38. 黎海超、崔劍鋒、周志清、王毅、王占魁:《成都金沙遺址星河路地點東周墓葬銅兵器的生產問題》,《考古》2018 年第 7 期。

39. 黎海超、崔劍鋒、周志清、左志強:《科技視野下「異族同俗」現象的觀察——以巴蜀青銅器為例》,《考古》2021 年第 12 期。

40. 李健民：《論四川出土的青銅矛》，《考古》1996 年第 2 期。

41. 李明斌：《成都地區戰國考古學遺存初步研究》，《四川文物》1999 年第 3 期。

42. 李明斌：《羊子山土臺再考》，《成都考古研究》（一），北京：科學出版社，2009 年，第 246～255 頁。

43. 李學勤：《論新都出土的蜀國青銅器》，《文物》1982 年第 3 期。

44. 梁雲：《周代用鼎制度的東西差別》，《考古與文物》2005 年第 3 期。

45. 梁劍韜：《「濮」與船棺葬關係小議》，《中南民族學院學報（社會科學版）》1986 年第 S1 期。

46. 林梅村：《商周青銅劍淵源考》，《漢唐西域與中國文明》，北京：文物出版社，1998 年，第 39～63 頁。

47. 劉瑛：《巴蜀兵器及其紋飾符號》，《文物資料叢刊》（7），北京：文物出版社，1983 年，第 13～23 頁。

48. 劉豫川：《巴蜀符號印章的初步研究》，《文物》1987 年第 10 期。

49. 盧連成：《草原絲綢之路——中國同域外青銅文化的交流》，《史念海先生八十壽誕學術文集》，西安：陝西師範大學出版社，1996 年，第 713～723 頁。

50. 盧連成、胡智生：《寶雞茹家莊、竹園溝墓地出土兵器的初步研究——兼論蜀式兵器的淵源和發展》，《考古與文物》1983 年第 5 期。

51. 羅開玉：《晚期巴蜀文化墓葬初步研究（上）》，《成都文物》1991 年第 3 期。

52. 羅開玉：《晚期巴蜀文化墓葬初步研究（下）》，《成都文物》1991 年第 4 期。

53. 呂建昌：《先秦巴蜀青銅兵器研究》，《軍事歷史研究》1997 年第 2 期。

54. 毛求學：《試論川西地區戰國墓葬分期》，《華西考古研究》（一），成都：成都出版社，1991 年，第 211～240 頁。

55. 〔美〕羅伯特·瓊斯著，楊秋莎譯：《四川出土青銅晚期印章》，《四川文物》1992 年第 2 期。

56. 彭文：《從蜀墓腰坑的設置看巴蜀文化與關中文化的交流》，《考古與文物》1996 年第 6 期。

57. 冉宏林：《試論「巴蜀青銅器」的族屬》，《四川文物》2018 年第 1 期。

58. 沈仲常：《新都戰國木槨墓與楚文化》，《文物》1981 年第 6 期。

59. 沈仲常、黃家祥：《從新繁水觀音遺址談早期蜀文化的有關問題》，《四川文物》1984 年第 2 期。

60. 沈仲常、王家祐：《記四川巴縣冬筍壩出土的古印及古貨幣》，《考古通訊》1955 年第 6 期。

61. 施勁松：《成都平原先秦時期的墓葬、文化和社會》，《考古》2019 年第 4 期。

62. 施勁松：《考古背景中的巴蜀符號》，《四川文物》2020 年第 3 期。

63. 施勁松：《論三星堆──金沙文化》，《考古與文物》2020 年第 5 期。

64. 孫華：《巴蜀符號初論》，《四川文物》1984 年第 1 期。

65. 孫華：《戰國時期的成都城──兼談蜀國的都城規劃傳統》，《古代文明》第 13 卷，上海：上海古籍出版社，2019 年，第 229～256 頁。

66. 孫智彬：《新都戰國木槨墓文化因素剖析》，《江漢考古》1986 年第 1 期。

67. 宋治民：《略論四川戰國秦墓葬的分期》，《中國考古學會第一次年會論文集》，北京：文物出版社，1980 年，第 265～277 頁。

68. 宋治民：《四川戰國墓葬試析》，《四川文物》1990 年第 5 期。

69. 宋治民：《什邡滎經船棺葬墓地有關問題探討》，《四川文物》1999 年第 1 期。

70. 宋治民：《成都商業街墓葬的問題》，《四川文物》2003 年第 6 期。

71. 滕銘予：《東周刻紋銅器再檢討》，《考古》2020 年第 9 期。

72. 田劍波：《四川新都馬家戰國木槨墓隨葬品分析》，《文博學刊》2021 年第 4 期。

73. 田劍波、周志清：《試論金沙遺址祭祀區出土的幾件商代青銅容器》，《文物春秋》2021 年第 4 期。

74. 田劍波、周志清、王占魁：《論金沙遺址出土的一件木雕彩繪人頭像》，《草原文物》2020 年第 2 期。

75. 田劍波、左志強、周志清：《試論金沙遺址出土早期銅戈》，《江漢考古》2018 年第 4 期。

76. 田偉：《試論兩周時期的青銅劍》，《考古學報》2013 年第 4 期。

77. 童恩正：《我國西南地區青銅劍的研究》，《考古學報》1977 年第 2 期。

78. 童恩正：《我國西南地區青銅戈的研究》，《考古學報》1979 年第 4 期。

79. 王仁湘：《巴蜀徽識研究》，《中國考古學會第七次年會論文集》，北京：文物出版社，1992 年，第 213～235 頁。

80. 王仁湘：《四正與四維：考古所見中國早期兩大方位系統》，《四川文物》2011 年第 5 期。

81. 王煒：《三星堆器物坑出土人身形銅牌飾辨析——兼論巴蜀地區柳葉形劍及劍鞘的起源》，《文物》2014 年第 4 期。

82. 王彥玉：《商周時期川南地區與成都平原的文化交流》，《四川文物》2020 年第 5 期。

83. 衛聚賢：《巴蜀文化》，《說文月刊》1942 年第 3 卷第 7 期。

84. 吳怡：《蒲江船棺墓與新都木槨墓出土印章的研究》，《四川文物》1994 年第 3 期。

85. 向明文：《巴蜀文化墓葬出土銅刀類型、分區與分期研究——兼談環首刀的來源問題》，《邊疆考古研究》第 20 輯，北京：科學出版社，2016 年，第 239～263 頁。

86. 向明文：《巴蜀式青銅釜甑的類型、年代與分期研究》，《三代考古》（八），北京：科學出版社，2019 年，第 330～343 頁。

87. 向明文：《四川盆地青銅煙荷包鉞的年代及相關問題研究》，《邊疆考古研究》第 27 輯，北京：科學出版社，2020 年，第 169～185 頁。

88. 向明文：《東周秦漢時期巴蜀文化墓葬等級分類新論》，《邊疆考古研究》第 28 輯，北京：科學出版社，2021 年，第 257～284 頁。

89. 向明文、滕銘予：《巴蜀文化墓葬出土銅刀文化因素分析——兼及巴蜀文化發展進程管窺》，《考古與文物》2017 年第 2 期。

90. 熊譙喬、劉祥宇：《成都犀浦發現先秦聚落遺址》，《中國文物報》2021 年 10 月 1 日第 8 版。

91. 徐良高：《考古發現所見楚文化在東南和西北方向的進退》，《三代考古》（八），北京：科學出版社，2019 年，第 68～74 頁。

92. 徐中舒：《巴蜀文化初論》，《四川大學學報（社會科學版）》1959 年第 2 期。

93. 徐中舒、唐嘉弘：《古代楚蜀的關係》，《文物》1981 年第 6 期。

94. 嚴志斌：《成都雙元村 154 號大墓出土巴蜀文化印章研究》，《江漢考古》2021 年第 4 期。

95. 嚴志斌、洪梅:《戰國時期巴蜀文化罍形符號研究》,《中國國家博物館館刊》2015 年第 11 期。

96. 嚴志斌、洪梅:《巴蜀印章鍾形符號考察》,《四川文物》2015 年第 5 期。

97. 嚴志斌、洪梅:《巴蜀文化柵欄形符號考察》,《四川文物》2016 年第 4 期。

98. 嚴志斌、洪梅:《試析巴蜀文化中的筍形符號》,《四川文物》2017 年第 1 期。

99. 嚴志斌、洪梅:《戰國時期巴蜀文化水草紋符號試析》,《中國國家博物館館刊》2017 年第 7 期。

100. 嚴志斌、洪梅:《巴蜀符號述論》,《考古》2017 年第 10 期。

101. 楊敏慧:《四川成都羊子山 172 號墓出土的羽鱗紋鏡斷代考》,《美與時代》2020 年第 4 期。

102. 楊文勝:《東周時期巴蜀青銅器與中原青銅器的比較研究》,《長江·三峽古文化學術研討會暨中國先秦史學會第九屆年會論文集》,重慶:重慶出版社,2011 年,第 758～767 頁。

103. 楊哲峰:《繭形壺的類型、分布和分期試探》,《文物》2000 年第 8 期。

104. 楊振威、左志強、陳雲洪:《成都金沙遺址「黃河」地點二層下墓葬年代及相關問題》,《四川文物》2017 年第 4 期。

105. 于孟洲、王玉霞:《四川盆地出土戰國時期提鏈銅壺研究——從〈中國青銅器全集·巴蜀卷〉的提鏈壺談起》,《南方民族考古》第十七輯,北京:科學出版社,2019 年,第 164～173 頁。

106. 于孟洲、夏薇:《三星堆文化向十二橋文化變遷的相關問題——從金沙遺址蘭苑地點談起》,《南方民族考古》第七輯,北京:科學出版社,2011 年,第 165～184 頁。

107. 余乃謙、劉振宇:《戰國時期巴蜀文化符號印的新解》,《中華文化論壇》2017 年第 2 期。

108. 于省吾、姚孝遂:《「楚公蒙」戈辨偽》,《文物》1960 年第 3 期。

109. 袁豔玲:《東周時期巴蜀青銅器使用禮制研究》,《江漢考古》2013 年第 3 期。

110. 袁豔玲、張聞捷:《楚系青銅器的分期與年代》,《考古學報》2015 年第 4 期。

111. 曾仲懋:《出土巴蜀銅器成份的分析》,《四川文物》1992 年第 3 期。

112. 張文：《巴蜀符號瑣談》，《四川文物》1992 年第 2 期。

113. 張聞捷：《試論楚墓的用鼎制度》，《江漢考古》2010 年第 4 期。

114. 張勳燎：《古代巴人的起源及其與蜀人、僚人的關係》，《南方民族考古》第一輯，成都：四川大學出版社，1987 年，第 45～71 頁。

115. 張忠培：《關於「蜀戈」的命名及其年代》，《吉林大學社會科學學報》1963 年第 3 期。

116. 趙殿增：《巴蜀文化的考古學分期》，《中國考古學會第四次年會論文集》，北京：文物出版社，1985 年，第 214～224 頁。

117. 趙路花：《戰國至秦半兩錢紋演進規律與年代學檢討》，《中國錢幣》2016 年第 1 期。

118. 周麗、江章華：《試論成都平原春秋時期考古學文化》，《考古》2020 年第 2 期。

119. 周勇：《古巴蜀柳葉形青銅劍來源再探》，《新西部（理論版）》2013 年第 17 期。

120. 周志清：《成都金沙遺址磨石隨葬習俗研究》，《中原文物》2021 年第 4 期。

121. 周志清：《古蜀文化玉匠墓管窺》，《江漢考古》2021 年第 6 期。

122. 朱世學：《巴式柳葉劍的考古發現與研究》，《三峽大學學報（人文社會科學版）》2015 年第 5 期。

123. 朱世學：《巴蜀地區戰國到兩漢時期銅印章的考古發現與研究》，《三峽大學學報（人文社會科學版）》2017 年第 5 期。

六、學位論文

1. 代麗鵑：《晚期巴蜀文化兵器裝飾性動物圖像分析》，四川大學碩士學位論文，2007 年。

2. 范曉佩：《晚期巴蜀文化墓葬中兵器隨葬制度的研究》，吉林大學碩士學位論文，2009 年。

3. 耿慶剛：《東周青銅器動物紋樣研究》，西北大學博士學位論文，2019 年。

4. 洪梅：《戰國秦漢巴蜀墓葬及相關問題研究》，吉林大學碩士學位論文，2001 年。

5. 李冬楠：《晚期巴蜀文化出土兵器研究》，吉林大學碩士學位論文，2004 年。

6. 譚銀萍：《試論西周青銅扁莖短劍》，陝西師範大學碩士學位論文，2015年。

7. 吳長青：《壽縣李三孤堆楚國大墓出土銅器的初步研究——以安徽省博物館藏該墓青銅器為中心》，北京大學碩士學位論文，2005年。

8. 向明文：《巴蜀古史的考古學觀察》，吉林大學博士學位論文，2017年。

9. 楊波：《川西平原晚期蜀文化墓葬研究》，四川大學碩士學位論文，2017年。

10. 張禮豔：《豐鎬地區西周墓葬研究》，吉林大學博士學位論文，2009年。

11. 趙琦茗：《川渝地區出土先秦時期青銅兵器研究》，陝西師範大學碩士學位論文，2015年。

七、專業性網絡資源網站

1. 故宮博物院：https://www.dpm.org.cn/collection/bronze/234670.html.

2. 四川省博物院：http://www.scmuseum.cn/thread-364-117.html.

3. 天津博物館：https://www.tjbwg.com/cn/collectionInfo.aspx？Id=2531.

附錄　成都平原商周墓葬登記表[註1]

序號	墓地	墓號	分段	方向	尺寸	銅器	陶器	其他
1	金沙黃忠村	M12	5	304°	2.97*0.70-0.18	劍 1	/	/
2	金沙黃忠村	M13	5	322°	2.03*0.70-0.38	/	/	/
3	金沙蘭苑	M33	1	320°	2.70*0.90	戈、鉞、斧	小平底罐、碟	玉鑿、玉璋
4	金沙蘭苑	M61	1	310°	1.70*0.56-0.50	/	高領罐、小平底罐、器蓋、尖底盞、壺	玉錛
5	金沙蘭苑	M64	1	N/A	N/A	/	/	玉鑿、石斧
6	金沙蘭苑	M86	1	N/A	N/A	/	/	石鉞
7	金沙蜀風花園城	M21	3	134°	2.27*0.75-0.26	/	尖底罐 1、缽 1、罐 1、盆 1	/
8	金沙蜀風花園城	M26	3	140°	1.60*0.60-0.10	/	尖底盞 1、紡輪 1	/
9	金沙蜀風花園城	M27	3	122°	2.43*0.75-0.23	/	尖底盞 2、尖底罐 1、短頸罐 1、罐 3、圈足 1	玉條狀器 3、玉璧狀器 1

[註1] 本表排序按照第二章墓葬材料介紹的順序，部分信息完全缺失的墓葬未統計；表格中「N/A」表示原始材料無此項信息，「/」表示無此類隨葬品；尺寸的格式為：長*寬-深，單位為米。

10	金沙蜀風花園城	M37	3	135°	1.45*0.45-0.12	/	尖底盞1	/
11	金沙蜀風花園城	M39	3	310°	2.35*0.80-0.43	/	尖底杯1、圈足1、盆1、尖底盞1、器蓋1	/
12	金沙萬博	M183	2	N／A	1.85*0.60-0.42	/	小平底罐5、紡輪	/
13	金沙萬博	M184	2	N／A	N／A	/	尖底盞1	/
14	金沙萬博	M185	3	N／A	N／A	/	尖底盞1	/
15	金沙萬博	M187	3	N／A	N／A	/	小平底罐	/
16	金沙萬博	M189	2	N／A	2.20*0.57-0.43	/	尖底杯3	/
17	金沙萬博	M190	2	N／A	2.17*0.72-0.50	/	小平底罐2	/
18	金沙萬博	M191	2	N／A	N／A	/	尖底盞2	/
19	金沙萬博	M193	2	N／A	1.07*0.35-0.20	/	尖底盞2、紡輪	/
20	金沙萬博	M195	2	N／A	1.24*0.31-0.31	/	小平底罐2	/
21	金沙萬博	M197	2	60°	1.58*0.50-0.15	/	小平底罐3、紡輪1、尖底盞1	/
22	金沙萬博	M198	2	N／A	N／A	/	小平底罐1	/
23	金沙萬博	M200	2	N／A	1.86*0.54-0.20	/	小平底罐1、尖底盞2、紡輪	/
24	金沙萬博	M201	2	N／A	N／A	/	尖底杯1	/
25	金沙萬博	M202	2	N／A	N／A	/	尖底盞1	/
26	金沙萬博	M205	3	75°	2.1*0.60-0.33	/	圈足罐1	/
27	金沙萬博	M206	3	N／A	N／A	/	尖底盞1	/
28	金沙萬博	M207	3	N／A	1.23*0.46-0.15	/	尖底罐1、尖底盞1	/
29	金沙萬博	M215	3	N／A	N／A	/	圈足罐1	/
30	金沙萬博	M452	3	N／A	N／A	/	尖底杯1	/
31	金沙萬博	M454	2	N／A	1.77*0.48-0.11	/	小平底罐2、紡輪	/
32	金沙萬博	M455	2	N／A	1.25*0.40-0.22	/	圈足罐1、小平底罐1	/
33	金沙萬博	M458	2	N／A	2.20*0.55-0.14	/	小平底罐2、尖底盞1	/

34	金沙萬博	M459	2	N／A	2.09*0.46-0.13	／	小平底罐 3、罐 1	／
35	金沙萬博	M460	3	N／A	N／A	／	圈足罐 1、小平底罐 1	／
36	金沙萬博	M462	3	N／A	N／A	／	尖底盞 1	／
37	金沙萬博	M463	3	N／A	N／A	／	尖底盞 1	／
38	金沙人防	M267	7	60°	1.98*0.47-0.50	／	／	／
39	金沙人防	M268	7	51°	2.22*0.66-0.60	劍 1	／	／
40	金沙人防	M269	7	56°	2.46*0.56-0.60	／	罐 1	／
41	金沙人防	M270	7	55°	1.52*0.48-0.63	劍 1	／	／
42	金沙人防	M271	7	235°	1.61*0.60-0.60	劍 1、矛 1	／	／
43	金沙人防	M272	7	51°	N／A	／	／	／
44	金沙人防	M273	7	51°	N／A	／	／	／
45	金沙人防	M274	7	60°	1.85*0.66-0.60	／	／	／
46	金沙人防	M275	7	64°	3.24*0.71-0.68	／	／	／
47	金沙人防	M276	7	232°	1.80*0.77-0.60	劍 1	／	／
48	金沙人防	M277	7	236°	2.28*0.53-0.70	／	／	／
49	金沙人防	M278	7	69°	1.72*0.62-0.70	／	／	／
50	金沙人防	M279	7	272°	2.48*0.65-0.70	／	／	／
51	金沙人防	M280	7	57°	1.01*0.50-0.60	劍 3	／	／
52	金沙國際花園	M825	2	305°	1.85*0.50-0.10	／	／	石璋 1
53	金沙國際花園	M841	4	293°	4.90*2.23-0.40	／	甕 1、高領罐 1、器底 1、陶片 1、	磨石 2
54	金沙國際花園	M843	3	110°	1.95*0.50-0.50	／	紡輪 1	／
55	金沙國際花園	M844	3	292°	2.4*1.20-0.42	／	圈足罐 1	／
56	金沙國際花園	M845	3	115°	2.00*0.53-0.20	／	／	／

57	金沙國際花園	M848	4	70°	3.80*0.84-0.30	/	/	磨石 1
58	金沙國際花園	M849	3	285°	2.10*0.65-0.15	/	圈足罐 1、尖底盞 1	/
59	金沙國際花園	M850	5	295°	3.90*0.76-0.58	圓銅飾 1、銅兵器飾件 8	/	磨石 1
60	金沙國際花園	M916	5	118°	4.32*2.30-0.44	/	罐 1、陶片 1	/
61	金沙國際花園	M917	4	110°	4.64*2.30-0.36	/	/	磨石 2
62	金沙國際花園	M918	4	120°	3.90*0.93-0.50	/	紡輪 1	磨石 1
63	金沙國際花園	M920	3	305°	2.15*0.95-0.25	/	/	磨石 1
64	金沙國際花園	M921	3	311°	1.52*0.44-0.11	/	/	/
65	金沙國際花園	M922	3	298°	2.40*0.60-0.25	/	/	/
66	金沙國際花園	M926	3	295°	2.20*0.57-0.25	/	/	/
67	金沙國際花園	M927	4	130°	1.80*0.54-0.24	/	/	/
68	金沙國際花園	M928	4	130°	2.89*1.52-0.50	/	甕 1、罐 1、缸 1、尖底盞 1	/
69	金沙國際花園	M933	3	290°	1.05*0.40-0.15	/	/	/
70	金沙國際花園	M937	3	310°	2.12*0.65-0.18	/	/	/
71	金沙國際花園	M938	3	285°	1.75*1.80-0.20	/	/	/
72	金沙國際花園	M939	3	120°	1.90*0.56-0.17	/	/	磨石 1
73	金沙國際花園	M940	5	120°	2.94*0.76-0.43	圓銅飾 1、銅兵器飾件 11	紡輪 1	磨石 1、殘石器 1、玉鏃 1
74	金沙國際花園	M941	3	120°	1.90*0.55-0.11	/	/	/
75	金沙國際花園	M942	3	130°	2.00*0.50-0.20	/	/	/
76	金沙國際花園	M943	5	120°	4.01*2.02-0.48	圓銅飾 1、銅兵器飾件 26	/	磨石 2、石鑿 1、玉器 1

77	金沙國際花園	M944	4	305°	2.88*0.80-0.36	/	紡輪1	磨石1
78	金沙國際花園	M945	5	115°	4.10*2.14-0.70	圓銅飾1	甕形器2、甕2、器底1	磨石1
79	金沙國際花園	M946	4	115°	2.51*1.12-0.50	/	/	磨石1
80	金沙國際花園	M947	4	110°	4.00*1.92-0.48	/	/	磨石2
81	金沙國際花園	M948	4	125°	3.30*1.64-0.26	/	紡輪2	/
82	金沙國際花園	M949	4	130°	3.08*0.80-0.30	/	/	/
83	金沙國際花園	M951	3	290°	1.67*0.50-0.19	/	/	/
84	金沙國際花園	M952	3	115°	2.02*0.70-0.18	/	/	/
85	金沙國際花園	M954	3	305°	1.2*0.45-0.16	/	/	/
86	金沙國際花園	M955	3	270°	0.70*0.35-0.10	/	/	/
87	金沙春雨花間	M405	2	170°	2.5*0.56-0.08	/	紡輪1、罐1	/
88	金沙春雨花間	M408	2	180°	1.92*0.46-0.45	/	紡輪1	/
89	金沙春雨花間	M411	2	352°	1.74*0.41-0.33	/	紡輪1	/
90	金沙春雨花間	M413	2	180°	1.90*0.60-0.40	/	紡輪1	/
91	金沙春雨花間	M414	2	180°	1.05*0.42-0.10	/	紡輪1	/
92	金沙星河路	M2704	2	20°	2.04*0.55-0.35	/	尖底盞1	/
93	金沙星河路	M2705	7	N／A	2.65*0.72-0.47	/	尖底盞5、釜3、器蓋1、缶2、豆1	/
94	金沙星河路	M2710	7	332°	2.36*0.52-0.35	/	釜4、鉢1	/
95	金沙星河路	M2711	5	315	2.93*0.92-0.60	劍1	尖底盞1、豆1	/
96	金沙星河路	M2712	7	47°	2.93*1.36-0.95	劍2	/	/

97	金沙星河路	M2718	2	140°	1.55*0.55-0.43	/	尖底盞1	/
98	金沙星河路	M2720	7	320°	3.40*0.70-0.26	劍3、矛1、刻刀1、斤1	尖底盞1、釜3、盆2	/
99	金沙星河路	M2722	5	50°	3.66*1.91-0.90	劍5、戈5、矛5	/	/
100	金沙星河路	M2725	6	310°	4.20*2.56-0.60	矛16、劍15、劍鐔1、戈15	尖底盞8、器蓋1、盆1、器底1	/
101	金沙星河路	M2727	7	40°	3.40*0.90-0.35	劍1、戈1、牌飾1、環1、璧1	尖底盞4、喇叭口罐1、盆1	/
102	金沙星河路	M2732	7	30°	3.00*0.60-0.45	劍1、削1	釜2、甑蓋1	/
103	金沙星河路	M2759	2	140°	1.80*0.54-0.30	/	小平底罐2	/
104	金沙黃河	M350	6	54°	4.38*1.30-0.42	矛1	盞1、喇叭口罐3、侈口罐3、釜1、尖底盞1、盆1、器蓋2	/
105	金沙黃河	M503	5	231°	3.98*1.32-0.28	劍1	/	/
106	金沙黃河	M504	7	45°	3.82*1.02-0.24	劍1	尖底盞5	/
107	金沙黃河	M535	7	266°	4.36*1.10-0.44	戈2、劍2、鉞1、矛1、斤1、鑿1、刻刀1	尖底盞4	玉墜1、美石1
108	金沙黃河	M543	4	340°	2.42*0.80-0.14	/	高領圜底罐1	/
109	金沙黃河	M559	6	240°	4.22*1.36-0.44	劍2	/	綠松石珠1
110	金沙黃河	M577	5	60°	4.36*1.02-0.34	劍1	盞1、喇叭口罐2、侈口束頸罐3、缶1	/
111	金沙黃河	M580	6	25°	4.62*1.16-0.76	/	盞1、尖底盞4、圈足1	/
112	金沙黃河	M587	7	50°	4.92*1.01-0.22	劍2、戈4、斤1、銅兵器飾件13	尖底盞5	/
113	金沙黃河	M592	6	32°	3.60*0.72-0.22	劍1、戈1、斤1、削1、飾件1	盞1、尖底盞4	/

114	金沙黃河	M597	4	140°	3.00*1.46-0.66	/	高領平底罐1、豆1、侈口束頸罐1	/
115	金沙黃河	M600	6	56°	4.40*0.98-0.34	銅牌飾1、銅飾件1、銅杖狀飾1	盞1、尖底盞3	/
116	金沙黃河	M651	6	31°	4.91*1.40-0.33	劍1、矛1	盞蓋1	/
117	金沙黃河	M676	6	121°	3.28*1.30-0.42	/	尖底盞2	/
118	金沙黃河	M677	5	40°	3.26*0.68-0.18	/	尖底盞5	/
119	金沙陽光地帶	M125	3	305°	1.16*0.53-0.06	/	尖底杯1、陶片1	/
120	金沙陽光地帶	M126	3	310°	2.60*0.90-0.45	/	束頸罐1、尖底罐1	/
121	金沙陽光地帶	M129	2	310°	2.34*0.78-0.47	/	高領罐1、束頸罐2	/
122	金沙陽光地帶	M130	3	320°	2.24*0.52-0.07	/	尖底杯1、尖底盞1、圈足罐1	/
123	金沙陽光地帶	M131	3	306°	2.15*0.55-0.30	/	罐1、圈足罐1	/
124	金沙陽光地帶	M136	3	138°	1.80*0.50-0.05	/	尖底杯1、罐1	/
125	金沙陽光地帶	M140	3	160°	1.04*0.41-0.04	/	尖底杯1	/
126	金沙陽光地帶	M141	3	325°	1.00*0.40-0.05	/	尖底罐1、尖底杯1	/
127	金沙陽光地帶	M142	3	125°	1.80*0.59-0.20	/	尖底杯1	/
128	金沙陽光地帶	M143	3	225°	2.22*0.64-0.39	/	罐1、圈足罐1	/
129	金沙陽光地帶	M145	2	318°	2.08*0.50-0.20	/	尖底杯1、尖底盞1、圈足器1、殘罐1	/
130	金沙陽光地帶	M146	2	125°	1.80*0.72-0.35	/	罐1、圈足罐1	/
131	金沙陽光地帶	M148	2	130°	2.22*0.30-0.05	/	尖底盞1、圈足罐11	/
132	金沙陽光地帶	M150	3	300°	2.10*0.75-0.27	/	尖底盞1	/

133	金沙陽光地帶	M153	2	120°	1.35*0.50-0.32	/	/	/
134	金沙陽光地帶	M154	2	315°	2.20*0.76-0.50	/	束頸罐1、尖底盞1、高領罐1、尖底罐1	/
135	金沙陽光地帶	M155	2	124°	2.22*0.62-0.37	/	尖底杯1、尖底盞1、圈足罐1、高領罐1	/
136	金沙陽光地帶	M156	2	124°	1.50*0.45-0.27	/	尖底杯1、陶片1、缸1	/
137	金沙陽光地帶	M157	2	137°	1.10*0.37-0.10	/	尖底盞1	/
138	金沙陽光地帶	M158	2	80°	1.66*0.46-0.17	/	尖底盞1	/
139	金沙陽光地帶	M163	3	138°	1.80*0.45-0.05	/	尖底盞1、陶片1、罐1	/
140	金沙陽光地帶	M165	3	130°	1.83*0.50-0.14	/	/	磨石1
141	金沙陽光地帶	M361	3	319°	2.35*0.78-0.15	/	器紐1	/
142	金沙陽光地帶	M364	3	205°	1.78*0.58-0.14	/	尖底杯1、圈足罐1、殘片	/
143	金沙陽光地帶	M365	3	130°	1.80*0.48-0.05	/	圈足罐1、殘罐1	/
144	金沙陽光地帶	M366	3	315°	1.33*0.40-0.30	/	圈足罐1、殘罐1	/
145	金沙陽光地帶	M371	2	135°	1.10*0.40-0.20	/	/	斧1
146	金沙陽光地帶	M372	2	132°	2.30*0.78-0.53	/	束頸罐1、尖底罐1、甕1、尖底盞1	/
147	金沙陽光地帶	M374	2	135°	1.91*0.50-0.20	/	尖底盞1	/
148	金沙陽光地帶	M375	2	125°	1.40*0.45-0.14	/	尖底杯1、尖底盞1	/
149	金沙陽光地帶	M376	3	310°	1.66*0.45-0.15	/	束頸罐1、尖底盞1	/
150	金沙陽光地帶	M377	2	320°	1.21*0.35-0.12	/	束頸罐1、尖底杯1	/
151	金沙陽光地帶	M378	2	140°	2.10*0.47-0.19	/	高領罐2、尖底盞1	鑿1

152	金沙陽光地帶	M381	3	334°	0.96*0.38-0.08	/	尖底盞1、篦形器1	斧1
153	金沙陽光地帶	M382	2	334°	2.12*0.70-0.32	/	罐1、尖底杯1	/
154	金沙陽光地帶	M383	2	305°	2.15*0.70-0.21	/	尖底杯1	/
155	金沙陽光地帶	M384	2	130°	1.20*0.40-0.18	/	尖底杯1	/
156	金沙陽光地帶	M385	2	135°	1.82*0.60-0.35	/	罐1、圈足罐1、陶片	/
157	金沙陽光地帶	M386	2	315°	2.26*0.70-0.15	/	尖底杯1、高領罐1	/
158	金沙陽光地帶	M388	2	305°	1.10*0.38-0.06	/	尖底杯1、平底罐1、圈足罐1	/
159	金沙陽光地帶	M391	2	130°	2.28*0.63-0.32	/	高領罐1、束頸罐1、尖底盞1	/
160	金沙陽光地帶	M397	2	135°	2.45*1.03-0.36	/	尖底罐2、紡輪1	/
161	金沙陽光地帶	M398	2	130°	1.80*0.60-0.36	/	圈足罐1、尖底杯1、紡輪1、殘罐1	/
162	金沙陽光地帶	M399	2	320°	2.82*0.84-0.23	/	尖底杯1、高領罐1、殘圈足罐1.	石條1、石片1
163	金沙陽光地帶	M400	2	130°	2.28*0.63-0.32	/	尖底杯1	/
164	金沙陽光地帶	M419	3	105°	1.03*0.56-0.05	/	尖底盞1、尖底杯1、束頸罐1	/
165	金沙陽光地帶	M422	2	305°	1.85*0.70-0.28	/	尖底杯1	/
166	金沙陽光地帶	M423	2	140°	1.93*0.37-0.36	/	罐1、尖底杯1、殘片1	/
167	金沙陽光地帶	M424	3	130°	2.58*0.80-0.24	/	尖底罐2、高領罐1	/
168	金沙陽光地帶	M425	3	135°	1.91*0.50-0.17	/	圈足罐1、罐1、尖底杯1	/
169	金沙陽光地帶	M430	3	320°	1.51*0.45-0.10	/	束頸罐1	/
170	金沙陽光地帶	M433	2	315°	2.04*0.60-0.15	/	尖底杯1	/

171	金沙陽光地帶	M435	3	316°	1.80*0.49-0.08	/	罐1、圈足罐1、殘片1	/
172	金沙陽光地帶	M436	3	325°	2.20*0.73-0.11	/	高領罐1、罐1、殘圈足罐1、尖底盞1	/
173	金沙陽光地帶	M437	2	135°	1.10*0.46-0.15	/	尖底杯1	/
174	金沙陽光地帶	M438	4	112°	3.20*2.45-0.42	/	陶片2	/
175	金沙陽光地帶	M439	3	145°	1.80*0.60-0.05	/	罐1、圈足罐1	/
176	金沙陽光地帶	M440	3	295°	1.50*0.49-0.05	/	罐1、圈足罐1	/
177	金沙陽光地帶	M441	3	310°	1.31*0.35-0.10	/	罐1、圈足器1	/
178	金沙陽光地帶	M444	3	309°	1.80*0.35-0.10	/	罐1、圈足罐1、殘尖底杯1	/
179	金沙陽光地帶	M445	2	295°	1.8*0.74-0.10	/	尖底杯1	/
180	金沙陽光地帶	M447	2	155°	1.56*0.50-0.10	/	尖底杯1	/
181	金沙陽光地帶	M472	2	132°	2.12*0.55-0.38	/	罐1、圈足罐1	/
182	金沙陽光地帶	M473	3	335°	1.96*0.60-0.13	/	尖底罐1、罐1	/
183	金沙陽光地帶	M474	3	315°	1.70*0.41-0.15	/	罐1、陶片1	/
184	金沙陽光地帶	M475	2	140°	1.11*0.40-0.23	/	尖底杯2	/
185	金沙陽光地帶	M476	2	147°	2.00*0.58-0.28	/	圈足罐1、罐1、尖底盞1	/
186	金沙陽光地帶	M477	2	140°	1.90*0.51-0.27	/	尖底盞1、紡輪1	/
187	金沙陽光地帶	M478	2	135°	2.00*0.71-0.41	/	高領罐1、罐1、圈足罐1、尖底杯、陶片1	/
188	金沙陽光地帶	M479	2	138°	1.30*0.40-0.27	/	尖底盞1、束頸罐1	/
189	金沙陽光地帶	M481	3	312°	1.90*0.55-0.10	/	陶器1、殘罐1	/

190	金沙陽光地帶	M482	3	317°	1.91*0.56-0.10	/	簋形器1、尖底罐1	/
191	金沙陽光地帶	M485	2	135°	2.31*0.55-0.69	/	高領罐1、罐1、殘圈足罐1	/
192	金沙陽光地帶	M487	2	47°	1.61*0.70-0.10	/	尖底杯2、尖底盞1	/
193	金沙陽光地帶	M488	3	318°	1.50*0.40-0.10	/	陶片1、罐1	/
194	金沙陽光地帶	M491	2	125°	1.45*0.50-0.21	/	尖底盞1	/
195	金沙陽光地帶	M493	2	145°	2.30*0.62-0.50	/	尖底盞1	/
196	金沙陽光地帶	M497	2	110°	2.10*0.60-0.10	/	罐1、陶片1	/
197	金沙陽光地帶	M498	2	142°	2.00*0.60-0.39	/	陶器、陶片、殘片	/
198	金沙陽光地帶	M499	3	115°	1.41*0.50-0.06	/	陶器1、尖底杯1、殘片	/
199	金沙陽光地帶	M500	3	160°	1.50*0.50-0.14	/	紡輪1	/
200	金沙陽光地帶	M639	2	310°	2.20*0.69-0.18	/	尖底杯1、罐1、殘圈足罐	/
201	金沙陽光地帶	M643	2	125°	1.91*0.70-0.31	/	尖底盞1	/
202	金沙陽光地帶	M644	2	140°	1.40*0.60-0.40	/	紡輪1	/
203	金沙陽光地帶	M646	3	310°	1.93*0.50-0.10	/	罐1、陶片	/
204	金沙陽光地帶	M647	3	310°	2.00*0.69-0.10	/	圈足罐1、殘罐	/
205	金沙陽光地帶	M648	2	300°	1.13*0.44-0.14	/	陶片	/
206	金沙陽光地帶	M649	2	145°	1.89*0.40-0.22	/	尖底盞1	/
207	金沙陽光地帶	M650	2	293°	1.90*0.54-0.20	/	陶片	/
208	金沙陽光地帶	M687	3	125°	2.00*0.60-0.18	/	陶片	/
209	金沙陽光地帶	M688	2	126°	2.50*0.89-0.22	/	陶片、尖底盞1	/

210	金沙陽光地帶	M689	2	130°	1.80*0.69-0.26	/	尖底杯1、罐1、陶片、高柄豆1	/
211	金沙陽光地帶	M690	3	145°	2.00*0.54-0.10	/	尖底杯1、罐1、陶片、陶器	/
212	金沙陽光地帶	M691	2	145°	2.12*0.60-0.35	/	豆柄1	/
213	金沙陽光地帶	M693	2	140°	2.01*0.29-0.26	/	罐1、圈足罐1、缸1	/
214	金沙陽光地帶	M694	2	137°	1.80*0.60-0.18	/	尖底杯1、尖底盞1、圈足罐1	/
215	金沙陽光地帶	M695	2	135°	1.10*0.50-0.24	/	尖底盞1	/
216	金沙陽光地帶	M697	2	145°	1.31*0.44-0.33	/	尖底杯1	/
217	金沙陽光地帶	M699	2	115°	2.15*0.69-0.27	/	罐1、圈足罐1、陶片	/
218	金沙陽光地帶	M700	2	125°	2.50*0.83-0.33	/	尖底杯1、紡輪1	/
219	金沙陽光地帶	M701	2	115°	2.35*1.69-0.56	/	尖底盞1	/
220	金沙陽光地帶	M702	3	285°	1.45*0.56-0.25	/	陶器、尖底杯1	/
221	金沙陽光地帶	M703	2	132°	2.20*0.70-0.80	/	甕1、紡輪1	/
222	金沙陽光地帶	M704	2	140°	1.65*0.58-0.21	/	殘器、殘圈足罐	/
223	金沙陽光地帶	M707	3	335°	1.77*0.57-0.06	/	束頸罐1	/
224	金沙陽光地帶	M709	3	325°	2.00*0.60-0.10	/	高領罐1	/
225	金沙陽光地帶	M710	3	170°	1.85*0.51-0.15	/	殘器	/
226	金沙陽光地帶	M714	3	305°	2.10*0.55-0.10	/	/	耳玦3
227	金沙陽光地帶	M720	3	148°	1.65*0.54-0.06	/	陶器、尖底杯1	/
228	金沙陽光地帶	M726	3	325°	2.50*0.80-0.26	/	圈足器1、罐1、器座1	/

229	金沙陽光地帶	M727	4	142°	3.30*1.44-0.36	/	/	磨石1
230	金沙陽光地帶	M730	3	140°	1.36*0.62-0.10	/	尖底杯1、圈足器1、殘罐	/
231	金沙陽光地帶	M731	3	140°	1.90*0.50-0.50	/	盆1	/
232	金沙陽光地帶	M733	3	297°	0.67*0.05-0.10	/	尖底盞1、罐1、陶片	/
233	金沙陽光地帶	M734	3	320°	1.20*0.64-0.07	/	陶片	/
234	金沙陽光地帶	M738	3	335°	1.50*0.51-0.10	/	器蓋1	/
235	金沙陽光地帶	M741	4	154°	2.82*1.45-0.19	/	/	磨石1、石料1
236	金沙陽光地帶	M742	3	330°	2.84*0.66-0.21	/	高領罐1、罐1、尖底杯1、陶片	/
237	金沙陽光地帶	M743	3	330°	2.60*0.53-0.12	/	圈足器1、罐1、陶片	/
238	金沙陽光地帶	M745	2	335°	2.25*0.70-0.15	/	束頸罐1	/
239	金沙陽光地帶	M748	3	330°	2.80*0.50-0.09	/	尖底杯1、圈足罐1、陶片	/
240	金沙陽光地帶	M749	3	330°	2.40*0.57-0.11	/	陶片	/
241	金沙陽光地帶	M750	3	322°	2.40*0.50-0.10	/	/	磨石1
242	金沙陽光地帶	M752	3	138°	1.99*0.51-0.15	/	罐1、尖底杯1	/
243	金沙陽光地帶	M753	4	334°	3.40*0.66-0.26	/	殘器	/
244	金沙陽光地帶	M754	3	335°	1.96*0.50-0.10	/	殘器	/
245	金沙陽光地帶	M755	3	327°	1.92*0.47-0.10	/	殘器	/
246	金沙陽光地帶	M756	3	117°	1.85*0.52-0.35	/	陶片、陶器	磨石1
247	金沙陽光地帶	M760	3	324°	1.90*0.60-0.09	/	陶器、殘片、罐1	/
248	金沙陽光地帶	M763	4	334°	3.27*1.64-0.40	/	/	磨石1

249	金沙陽光地帶	M767	3	154°	1.48*0.51-0.10	/	陶片、罐1	
250	金沙陽光地帶	M770	3	145°	2.00*0.51-0.13	/	陶片、罐1	磨石1
251	金沙陽光地帶	M775	3	130°	1.00*0.49-0.10	/	/	石鑿1、玉製品1
252	金沙陽光地帶	M777	4	322°	2.00*0.60-0.19	/	/	/
253	金沙陽光地帶	M781	4	320°	1.80*0.50-0.16	/	/	石料1
254	金沙陽光地帶	M786	3	325°	1.85*0.50-0.11	/	殘片、殘圈足罐	/
255	金沙陽光地帶	M799	3	328°	2.10*0.39-0.15	/	陶片	石料1
256	金沙陽光地帶	M808	3	282°	1.80*0.50-0.10	/	/	石芯1
257	金沙陽光地帶	M816	3	305°	1.90*0.60-0.10	/	/	磨石1
258	成都羊子山	M172	9	76°	6.00*2.70-1.47	鼎3、甗1、釜5、甑1、罍1、盤5、匜3、盉1、鐙1、劍2、矛3、戈1、鏃15、弩機2、鋸1、劉1、釿2、爐1、斗1、鏡1、帶鉤2、印章1、馬銜4、鈴1、衡末銅飾4、獸面飾2、馬轡飾113、帶釦2、車蓋弓冒16	壺1、罐15	玉璧1、玉瑗1、玉環4、髓環1、玉觿2、管形玉飾1、石琬圭1、環狀石1、礪石6、漆盒2、漆奩2、方釦漆器3、圓釦漆器2、銀管194、壺形銀飾1、游環14、鐵三足架1、銀盤1、琉璃珠1、金塊2、獸齒2、果核3
259	成都南郊	M1	7	N／A	N／A	戈3、刀1、斧2、鑿2、銅鼎蓋鈕1	罐1、尖底盞3	/
260	成都天回山	M1	9	N／A	N／A	刀1、戈1、劍1、斧1、帶鉤1	罐9、壺1、豆1	赤鐵礦2
261	成都無線電學校	M1	8	60°	4.30*1.05-0.80	戈8、矛4、劍3、鉞1、鑿2、斧1、刀2、削1、帶鉤1	尖底盞4	/

262	成都無線電學校	M2	8	N／A	N／A	鼎3、豆1、尖底盒2、釜1、壺1、戈3、斧1、曲頭斤1、錞于1	／	／
263	成都百花潭	M10	7	190°	3.06*0.90-1.50	鼎1、壺1、甑1、鍪2、盒2、勺4、戈11、矛6、劍1、鉞2、刀2、削4、斧4、鑿4、條片2	尖底盞1	／
264	成都青羊宮	M1	7	265°	4.60*2.71-2.64	壺2、尊缶1、鍪4、匜1、盒2、鼎1、敦1、戈7、矛4、鉞2、劍3、劍鞘1、削3、錐刀1	／	／
265	成都中醫學院	M1	7	9°	2.56*0.60-1.52	敦1、鍪1、戈5、劍3、鉞1、鋸1、鑿3	釜1、尖底盞4	／
266	成都聖燈公社	M1	8	N／A	N／A	劍2、矛1、戈1、鉞1、鐏2、胄頂1、銅鋸片、帶鉤1	／	鐵斧1
267	成都聖燈公社	M2	8	N／A	3.80*1.20-0.67	鍪1	小罐4、大罐2、釜2、豆2	／
268	成都棗子巷	M1	5	N／A	N／A	矛13、戈11、帶鞘劍2、短劍9	／	／
269	成都青羊小區	M1	7	N／A	N／A	鼎1、罍1、勺1、劍	／	／
270	成都青羊小區	M2	7	N／A	2.70*0.60-1.05	鼎蓋1、帶鞘雙劍1	／	／
271	成都青羊小區	M3	7	210°	N／A	矛、劍、鉞、削	罐、豆、釜	／
272	成都青羊小區	M4	7	N／A	1.25*0.95-1.22	／	罐7、尖底盞4	／

273	京川飯店	M1	7	N／A	N／A	鍪2、戈5、矛5、劍1、鉞1、削1、斧1、斤1、鑿2、鋸1、簪1、鏡1、泡1、圓形飾1、壺形珠7	紡輪2	／
274	成都羅家碾	M1	7	N／A	5.40*0.91-0.22	釜甑1、矛2、劍1、鉞1、戈4、鑿1、斤1	／	／
275	成都羅家碾	M2	7	N／A	4.90*0.92-0.20	劍3、環1	／	／
276	成都白果林小區	M4	7	155°	3.16*0.48	壺1、盤1、盆1、勺2、矛2、戈6、鉞2、削6、鑿3、斤1	／	／
277	成都光榮小區	M5		150°	9.65*8.66-2.69	蓋1、矛5、劍6、刀1、削1、雕刀3、胄1、鑿1、斤1、鴨3、帶鉤1、	罐4、倉1	漆盒1
278	龍泉驛北幹道	M5	10	N／A	N／A	N／A	N／A	N／A
279	龍泉驛北幹道	M6	10	N／A	N／A	N／A	N／A	N／A
280	龍泉驛北幹道	M7	10	N／A	N／A	N／A	N／A	N／A
281	龍泉驛北幹道	M8	10	N／A	N／A	N／A	N／A	N／A
282	龍泉驛北幹道	M9	10	N／A	N／A	N／A	N／A	N／A
283	龍泉驛北幹道	M10	10	N／A	N／A	N／A	N／A	N／A
284	龍泉驛北幹道	M11	10	N／A	N／A	N／A	N／A	N／A
285	龍泉驛北幹道	M12	9	N／A	N／A	N／A	N／A	N／A
286	龍泉驛北幹道	M13	10	N／A	N／A	N／A	N／A	N／A

287	龍泉驛北幹道	M14	10	N／A	N／A	N／A	N／A	N／A
288	龍泉驛北幹道	M15	10	N／A	N／A	N／A	N／A	N／A
289	龍泉驛北幹道	M16	10	N／A	3.08*1.37-1.62	矛1、鐏1、半兩1	豆5、甕1、釜5、罐1	漆器6、核桃1、竹編器5、鐵鑿1、鐵斧1
290	龍泉驛北幹道	M17	10	N／A	N／A	N／A	N／A	N／A
291	龍泉驛北幹道	M18	9	N／A	N／A	N／A	N／A	N／A
292	龍泉驛北幹道	M19	9	N／A	N／A	N／A	N／A	N／A
293	龍泉驛北幹道	M20	9	N／A	N／A	N／A	N／A	N／A
294	龍泉驛北幹道	M21	10	N／A	N／A	N／A	N／A	N／A
295	龍泉驛北幹道	M22	10	N／A	3.44*1.90-0.60	矛1、鐏1、半兩1、銅片1	甕1、豆5、缽2、陶器2	鐵斧1、鐵鎌1、鐵器2、漆器2
296	龍泉驛北幹道	M23	10	N／A	N／A	N／A	N／A	N／A
297	龍泉驛北幹道	M24	10	N／A	N／A	N／A	N／A	N／A
298	龍泉驛北幹道	M25	10	N／A	N／A	N／A	N／A	N／A
299	龍泉驛北幹道	M26	10	N／A	N／A	N／A	N／A	N／A
300	龍泉驛北幹道	M27	10	N／A	N／A	N／A	N／A	N／A
301	龍泉驛北幹道	M28	10	N／A	N／A	N／A	N／A	N／A
302	龍泉驛北幹道	M29	10	N／A	N／A	N／A	N／A	N／A
303	龍泉驛北幹道	M30	10	N／A	N／A	N／A	N／A	N／A
304	龍泉驛北幹道	M31	10	N／A	N／A	N／A	N／A	N／A
305	龍泉驛北幹道	M32	10	N／A	N／A	N／A	N／A	N／A
306	龍泉驛北幹道	M33	10	N／A	N／A	N／A	N／A	N／A

307	龍泉驛北幹道	M34	10	N/A	3.90*2.65-1.73	釜1、鍪1、盤1、匜1、鉞1、削1、帶鉤1、半兩1	甕8、釜3、豆2	漆盂1、木器蓋1、木紡輪1、木器1、核桃1
308	成都金魚村	M1	7	45°	殘1.10*0.90-0.70	戈4、矛1、劍1	尖底盞3	/
309	成都金魚村	M7	8	70°	2.70*0.70-0.14	鉞1、削1	釜2、豆3	/
310	成都金魚村	M14	8	30°	5.32*1.20-1.16	鍪1、盆1、劍1、矛1、戈2、鉞2、鏃1	豆19、釜2、尖底盞1	/
311	成都化成小區	M1	8	340°	3.30*0.80-0.20	戈1、劍2、削3、環1、足1、飾件1	尖底盞2、罐2、器蓋2	漆器3
312	成都化成小區	M2	8	345°	6.60*1.14-0.66	/	尖底盞2、罐4、釜1、簋1、尊缶1、器蓋1	漆盒1
313	成都運動創傷所	M1	8	27°	殘0.50*1.00-0.70	鍪1、劍2、矛1、戈1、鉞1、鑿1	/	/
314	成都金沙巷	M1	7	355°	N/A	鍪1、戈2、鉞1、劍2、斧1、刻刀2	/	/
315	成都金沙巷	M2	8	0°	4.62*1.44-0.44	鼎1、敦1、壺1、盤1、鍪2、豆1、銅器蓋1、冑頂1、環6、管2、磬2、飾件1、鉞1、刀1、戈1、斧1、鋸1	豆1、罐4	/
316	成都金沙巷	M3	8	0°	3.50*0.90	/	豆、罐	/
317	成都石人小區	M8	7	30°	7.22*1.82-0.89	盒3、敦2、戈8、矛2、鉞2、冑頂1、鏃2、削1、斤1、鑿7、雕刀1、刀2、紡輪1、管形器1	/	/

318	成都石人小區	M9	7	30°	9.02*1.44-0.60	鼎1、甑1、鍪3、匕1、戈5、矛7、鏃3、削1、斤1、鑿3、刀2、鋸1	/	/
319	成都省水利院	M5	7	24°	5.10*0.84-1.42	尊缶1、鍪1、戈2、劍2斧1、鑿2、削1	豆1	/
320	成都省水利院	M9	8	0°	殘2.80*0.80-0.08	鍼1	釜3	/
321	成都新一村	M1	8	265°	7.40*1.30-2.50	尊缶1、鍪1、盤1、甀1、釜1胄1、劍2、矛2、鍼1、戈1鑿1、斧1、鴨頭形器1	釜4、喇叭口罐1、豆64、平底缽3、圓底缽1	/
322	成都北郊	M3	9	350°	4.00*1.80-1.50	盆2、鍪2、鍼1、戈1、削1	鼎4、釜5、釜甑1、豆12、缶2	鐵斧1、錢幣11
323	成都北郊	M4	9	170°	4.50*1.70-0.90	/	/	/
324	成都商業街	G1	7	N／A	10.28*1.02	戈3、鍼1、矛1、斤1、削刀1、飾件3、印章3	甕3、平底罐6、尖底盞4、器蓋11	漆鼓1、木槌2、案1、幾1、器座2、戈柲3、矛杆9、雜件11
325	成都商業街	G2	7	N／A	10.31*0.90	/	甕9、器蓋6	木梳1、漆盒1、漆豆1、漆簋1、漆案2、漆案足2、漆幾足2、漆俎3、漆床2、床頭板2、床側板4、床足4、床尾板1、床撐2、床立柱4、床梁3、床頂蓋構件12、漆器座1、漆器雜件21、竹笆片1
326	成都商業街	G3	7	N／A	3.74*0.75	削刀1、帶鉤1	器蓋1	/

327	成都商業街	G4	7	N／A	3.76*0.80	/	尖底盞 8	/
328	成都商業街	G5	7	N／A	3.3*0.91	/	甕 1、尖底盞 3、圈足豆 1、圓底釜 3、器蓋 1	/
329	成都商業街	G8	7	N／A	4.35*0.70	/	甕 2、器蓋 2	俎形漆器 1、木梳 1、漆奩 1、漆案足 1、傘蓋弓 5、雜件 7、葫蘆竿 1、竹簣 1、竹筐 3、竹笆片 1、桃核 1
330	成都商業街	G9	7	N／A	4.53*0.78	/	甕 1、器蓋 1	漆俎 1、漆案足 1、漆器雜件 9、竹席 1、竹笆片 1、竹筐 7、草墊 2
331	成都商業街	G10	7	N／A	4.81*0.61	/	甕 1、圓底釜 2、圈足豆 1、器蓋 4	/
332	成都商業街	G11	7	N／A	4.65*0.67	/	甕 11、圓底釜 1、器蓋 12	案面板 1、俎 1、器座 1、器座 2、床頭板 1、床尾板 1、雜件 4、核桃 1
333	成都商業街	G12	7	N／A	11.3*1.44	印章 1	甕 1	角器 1、料珠 1
334	成都商業街	G13	7	N／A	18.8*1.18	/	/	/
335	成都商業街	G14	7	N／A	N／A	/	甕 2、圓底釜 1、器蓋 2	/
336	成都商業街	G15	7	N／A	2.34*0.71	/	/	/
337	成都商業街	G16	7	N／A	2.20*0.78	/	尖底盞 2	/
338	成都商業街	G17	7	N／A	2.68*0.72	/	/	/
339	成都海濱村	M2	9	280°	4.02*2.60-2.96	鈴 1	釜 2、豆 1	/
340	成都海濱村	M3	9	347°	3.98*2.73-1.82	戈 1、帶鉤 1	釜 5	/

341	成都文廟西街	M1	7	10°	殘 0.6*1.35-0.30	壺 1、簠 1、敦 1、盤 1、釜 1、尖底盒 1、匕 2、勺 2、飾件 2、構件 1、器座 2、牌飾 2	/	/
342	成都文廟西街	M2	8	50°	3.72*1.18-0.35	釜 1、鍪 1、釜甑 1、矛 2、劍 1、鉞 1、戈 1	圜底釜 2、平底罐 3、尖底盞 11、圈足豆 17、器蓋 5	/
343	成都涼水井街	M1	8	N/A	N/A	壺 1、劍 6、戈 6、矛 4、刀 1	/	/
344	成都中海國際	M9	2	162°	2.06*0.70-0.12	/	/	玉石條若干
345	成都中海國際	M10	2	175°	2.10*0.50-0.20	/	/	/
346	成都中海國際	M11	2	350°	2.05*0.53-0.13	/	尖底盞 1	/
347	郫縣紅光公社	M1	9	N/A	N/A	釜 1、鍪 1、甑 1、戈 1、矛 6、劍 2、鉞 3、鏃 1、胄頂 2、鋸 1、環、半兩錢、印章 1	/	/
348	郫縣晨光公社	M1	8	N/A	N/A	釜 1、劍 1、矛 1、戈 1	/	/
349	郫縣風情園	M1	9	45°	4.65*2.70-0.30	鍪 1、釜甑 1、鉞 2、錢幣 4	鼎 6、釜 12、甕 5、豆 22	飾件 1、漆木器 1
350	郫縣風情園	M2	9	50°	4.65*2.30-0.75	鍪 1、劍 1、鉞 1、鑿 1、鐮 1	鼎 3、釜 5、豆 7、甕 2、釜甑 1	/
351	郫縣風情園	M5	10	275°	3.96*1.86-0.42	錢幣 7	鼎 1、釜 8、豆 8、缽 2、盆 1、紡輪 1	/
352	郫縣風情園	M11	9	50°	4.60*2.45-1.34	錢幣 9	鼎 3、豆 19、紡輪 2、甕 1、釜 1	/
353	郫縣風情園	M18	10	310°	3.40*1.06-0.40	錢幣 14	盆 1、鼎 1、釜 3	鐵鐮 1
354	郫縣風情園	M20	10	40°	3.30*1.45-0.25	錢幣 3	鼎 2、釜 2、豆 5、缽 1	/

355	郫縣風情園	M21	10	70°	3.60*2.00-0.15	/	鼎2、豆5、釜2、缽1	鐵錛1、鐵斧1、鐵刀1
356	郫縣花園別墅	M10	10	45°	3.88*1.62-0.51	/	鼎1、釜3、豆2、釜甑1	漆耳杯1
357	郫縣花園別墅	M13	10	35°	3.80*1.8-0.31	/	鼎3、釜7、豆12、釜甑1	/
358	郫縣宋家河壩	M1	2	320°	2.95*0.87-0.50	/	圜底罐4、矮領圓肩罐4、尖底杯2	/
359	郫縣宋家河壩	M2	2	315°	2.95*0.90-0.50	/	矮領圓肩罐4、尖底杯1、尖底盞1	/
360	郫縣波羅村	AM2	2	145°	2.10*0.66-0.30	/	紡輪1	/
361	郫縣波羅村	AM3	2	130°	1.62*0.48-0.11	/	陶片	/
362	郫縣波羅村	YM6	2	135°	1.84*0.52-0.11	/	/	/
363	郫縣波羅村	YM10	2	125°	1.31*0.62-0.14	/	/	/
364	郫縣波羅村	YM11	2	110°	2.02*0.57-0.38	/	/	/
365	郫縣波羅村	YM12	2	123°	2.01*0.50-0.29	/	小平底罐1	/
366	郫縣波羅村	YM13	2	140°	1.80*0.70-0.13	/	小平底罐1	/
367	郫縣波羅村	YM14	2	150°	1.86*0.75-0.15	/	/	/
368	郫縣波羅村	YM15	2	125°	1.31*0.48-0.18	/	罐2	/
369	郫縣波羅村	YM16	2	130°	1.70*0.60-0.25	/	小平底罐2	/
370	郫縣波羅村	WM1	2	120°	1.65*0.40-0.06	/	高領罐1	/
371	郫縣波羅村	WM2	2	120°	1.70*0.35-0.03	/	紡輪1	玉石條5
372	郫縣波羅村	WM5	2	120°	1.83*0.38-0.16	/	/	/
373	郫縣波羅村	WM6	2	90°	2.00*0.40-0.13	/	/	/
374	郫縣波羅村	WM7	2	60°	2.20*0.35-0.08	/	/	/

375	郫縣波羅村	WM8	2	115°	2.25*0.50-0.15	/	尖底盞 1	/
376	郫縣波羅村	WM10	2	145°	1.75*0.40-0.20	/	紡輪 1	/
377	郫縣波羅村	WM11	2	108°	1.78*0.58-0.29	/	/	/
378	郫縣波羅村	WM12	2	110°	1.00*0.30-0.20	/	/	/
379	郫縣波羅村	WM13	2	110°	1.84*0.72-0.40	/	/	/
380	郫縣波羅村	KM1	2	96°	1.82*0.53-0.06	/	/	/
381	郫縣波羅村	KM2	2	137°	1.77*0.46-0.15	/	/	/
382	郫縣波羅村	KM3	2	137°	0.90*0.31-0.21	/	小平底罐 2	/
383	郫縣波羅村	KM4	2	125°	2.02*0.47-0.30	/	/	/
384	青白江雙元村	M154	7	180°	8.25*2.25-2.79	鼎 1、尊缶 1、瓿 1、盤 1、匜 1、戈 1、鑿 1、削刀 17、錐 1、匕 1、鏡 1、圓牌飾 1、紡輪 1、帶鉤 4、飾件 2、構件 6、環 10、絲 1、印章 1	簋 3、罐 9、尖底盞 12、釜 3、器蓋 5、小罐 4	錫飾 5、石飾件 3、骨印章 6、漆蓋 2、漆耳杯 6、漆豆 2、漆器座 1、漆蟬飾 4、漆眼形飾 2、漆瑟 1、漆床板 2、漆床足 3、漆盒 1、漆杯 1、漆器蓋 5、漆器柄 3、漆皮 9、木釘 2、木柲 3、木構件 3、竹簍 1、果核 50
385	新都水觀音	M1	1	300°	2.00*0.80	戈 3、矛 1、鉞 1 斧 1、削 1	罐 44	石器 1
386	新都水觀音	M2	1	305°	2.80*1.70	戈 3、鉞 1、矛 1、削 1、小銅器 15	罐 23、甕 1	石鏃 2、石鑿 1、石削 1、石梳 1
387	新都水觀音	M4	1	145°	N／A	N／A	小平底罐等	N／A

388	新都馬家	M1	8	270°	10.45*9.20-3.63	敦2、豆2、缶2、盤2、鑒2、甑2、瓶、匜2，鼎5、壺10、罍5、豆形器5、三足盤5、釜5、鍪5、鏃64、殘弩機1、匕5、劍10、刀5、戈30、鉞10、矛5、錐刀7、殘鋸片1、斧5、斤5、曲頭斤5、手鋸5、削15、鑿20、雕刀5、銅印章2、銅帶鉤4、銅紡輪1、銅蓋弓帽6、銅管形器1、銅錐形管器2、銅銜環鋪首2、銅三連環1、銅勺2、編鍾5	豆4、罐、釜	方形玉飾1、漆耳杯1、殘木弓、水晶珠1、漆錫器2、核桃10、圓形木棒4
389	新都清鎮村	M1	10	24°	3.80*1.80-0.40	釜1、釜甑1、鉞1、鐏1、劍1、戈2，胄頂1、帶鉤1、錢幣66	豆28、平底罐1、圓底釜3、大口甕2	鐵鍤1
390	新都同盟村	M5	4	120°	2.10*0.62-0.05	/	/	/
391	新都同盟村	M6	4	N／A	N／A	旗形飾2、劍形飾2、牌形飾3、帽形飾2、條形飾10		圓形玉石1
392	新都同盟村	M7	2	326°	3.70*2.40-0.25	/	尖底罐4、有領罐12、斂口罐1、壺9、尖底杯1、器底5、紡輪1	玉石條28
393	彭州太平公社	M1	8	340°	8.60*1.40-1.50	鉞1、戈1、斤1、箭鏃7、錢幣1	/	/

394	彭州明臺村	M1	9	N／A	N／A	鍪1、薰爐1、劍1、鉞2、矛4、弩機1、斤1、帶鉤1、鈴1、錢幣32	／	／
395	綿竹清道	M1	7	N／A	N／A	釜1、豆2、圓壺3、方壺1、尊缶1、盒5、鼎4、鼎蓋1、鍪1、釜甑1、敦3、鉞3、戈17、矛37、劍19、刀2、斧5、鑿11、削12、雕刀4、鋸片5、勺5、匕5、劍形器1、劍鞘1、帶鉤2		
396	什邡城關	M1	8	80°	7.55*1.10-0.85	釜1、鍪1、盤1、矛5、劍4、戈3、鉞2、斤1、鑿1、雕刀1、削1、刻刀1、鋸1、帶鉤2	／	料珠1
397	什邡城關	M2	8	86°	7.40*0.84-0.59	矛3、劍1、鉞1	圓底罐1、豆1、器蓋1、缶1	／
398	什邡城關	M3	8	89°	殘2.32*0.60-0.40	劍1、削1、帶鉤1	圓底罐1	料珠3
399	什邡城關	M5	8	80°	殘1.05*0.80-0.20	鏃1、刻刀1、帶鉤1	／	／
400	什邡城關	M7	8	86°	6.28*0.80-0.85	鍪1、矛3、劍2、戈1、鉞1斤1、鑿1、刻刀1、鋸1、帶鉤1	圓底罐6、釜甑2	／
401	什邡城關	M10	8	276°	3.60*1.50-0.30	釜2、鍪2、釜甑1、盤1、矛1、劍2、戈1、鉞1、鏃3、斤1、削2、印章2	圓底罐1、豆6、釜3、器蓋1	／
402	什邡城關	M11	7	80°	7.30*1.10-0.30	鑿1	尖底盞3	／

403	什邡城關	M14	9	206°	6.84*1.20-0.25	鍪1、戈2、矛3、劍2、鉞1、斤1、削1、帶鉤1	豆6、釜3、釜甑1、壺1、盆1	料珠1
404	什邡城關	M16	9	33°	殘2.86*1.10-0.20	釜1、鍪1、劍2、戈1、鉞1	豆3、釜3	/
405	什邡城關	M17	9	33°	殘2.30*0.70-0.15	鉞1	豆4	/
406	什邡城關	M20	10	11°	殘2.80*1.55-0.30	鑿1	圜底罐2、豆1、釜4、甑1、鼎1、平底罐1	鐵鐮1
407	什邡城關	M21	11	13°	3.60*1.60-0.30	劍1、錢幣8	圜底罐3、豆3、釜甑2、壺1	鐵犁1、鐵鐮1、鐵䦆1、漆器1
408	什邡城關	M22	8	24°	3.95*1.55-0.15	鍪1、矛2、劍1、鉞1	圜底罐6、豆9、釜2	鐵削2
409	什邡城關	M23	9	50°	7.30*1.10-0.55	鍪1、矛4、劍2、戈2、鉞1	圜底罐1、釜1、釜甑1	/
410	什邡城關	M24	10	90°	3.75*1.70-0.30	矛1	圜底罐3、豆3、釜3、釜甑1、甕2、壺1	/
411	什邡城關	M25	7	65°	3.40*2.20-0.35	矛3、劍3、戈4、鉞3、刻刀1	尖底盞11、豆1、釜4、平底罐2、壺1、壺蓋1	/
412	什邡城關	M27	8	95°	4.90*1.10-0.40	矛1、劍1、鏃2、璜形飾1	豆1、釜甑2	/
413	什邡城關	M29	8	87°	4.75*0.60-0.35	/	/	/
414	什邡城關	M30	8	87°	6.20*0.70-0.50	戈1、矛1	/	/
415	什邡城關	M31	8	87°	4.85*0.65-0.45	/	圜底罐1、釜1	/
416	什邡城關	M32	8	80°	8.60*1.15-1.05	刻刀1	豆1	/
417	什邡城關	M33	8	60°	6.40*1.05-0.40	矛1、印章2、瓶飾1、雙魚飾1、豬形飾1、旗形飾1	圜底罐2、釜甑1、盆1	漆盒1、木柲1
418	什邡城關	M35	8	100°	7.40*0.95-0.30	帶鉤1	/	/

419	什邡城關	M36	8	90°	殘 5.80*0.85-0.45	鍪 1、鉞 1、削 1、銅片 1	圓底罐 4、豆 2、釜 1	/
420	什邡城關	M37	9	95°	6.45*1.15-0.35	鍪 1	豆 1、釜 1	料器 1
421	什邡城關	M38	9	130°	殘 3.20*1.20-0.35	鍪 1、釜甑 1、勺 1、矛 9、劍 2、鏃 1、刻刀 1	圓底罐 3、豆 9、釜甑 1、器蓋 2	/
422	什邡城關	M39	9	130°	2.40*1.10-0.40	矛 1	豆 1、釜甑 2、鼎 2	/
423	什邡城關	M41	8	50°	5.60*0.90-0.25	/	圓底罐 1、豆 2、壺 1、缽 1	/
424	什邡城關	M44	N/A	55°	殘 4.30*0.95-0.60	/	陶片	/
425	什邡城關	M45	9	30°	7.00*0.83-0.35	鍪 1、劍 2	壺 1	漆木器 1
426	什邡城關	M49	9	112°	6.30*0.80-0.30	劍 2、戈 2、鉞 1、鏃 3、帶鉤 2	圓底罐 4、豆 13、釜 2、甕 1、缽 2	鐵器 1、漆木器 1
427	什邡城關	M50	10	115°	5.00*1.72-0.30	盤 1、矛 3、劍 1、戈 1、鉞 1、帶鉤 1、環 1	圓底罐 2、豆 6、甕 2、瓶 1	鐵器 1
428	什邡城關	M51	8	110°	殘 4.00*1.50-0.65	鍪 1、鉞 1	圓底罐 1、壺 3	/
429	什邡城關	M52	9	120°	5.30*1.05-0.3	釜 2、鍪 1、矛 1、劍 1、戈 2、鉞 2	圓底罐 6、豆 2、釜 2	/
430	什邡城關	M53	12	150°	殘 3.4*2.4-0.38	錢幣 14	釜 1、釜甑 1、盆 1、平底罐 3、圈足器 1	鐵鼎 1、漆器 1
431	什邡城關	M54	9	120°	5.00*1.00-0.30	釜 1、鍪 1、劍 1、鉞 2、戈 1、削 1、印章 1、璜 9	圓底罐 7、豆 8、釜 1	/
432	什邡城關	M55	8	105°	5.60*0.80-0.75	鑿 1、龍形飾 1	/	/
433	什邡城關	M58-1	8	45°	4.00*0.50-0.45	削 1	圓底罐 1	/
434	什邡城關	M58-2	8	45°	4.85*0.50-0.40	/	/	/
435	什邡城關	M59	10	85°	殘 3.90*1.45-0.55	盤 1、矛 1、戈 1、鈴 1、泡 1、璜 4、環 1	圓底罐 3、豆 1、釜 3、釜甑 1、甕 2、平底罐 1	鐵器 1、料珠 1

436	什邡城關	M60	11	95°	4.35*1.20-0.30		圜底罐 2、豆 1、釜甑 1、平底罐 1	
437	什邡城關	M61	10	95°	殘 3.40*2.00-0.40	矛 1、鉞 1、鐏 1、錢幣 3	圜底罐 2、釜甑 1	/
438	什邡城關	M63	9	70°	殘 4.80*0.80-0.30	矛 2	圜底罐 1	/
439	什邡城關	M65	10	70°	殘 1.50*2.00-0.30	/	圜底罐 5、豆 6、釜 1、甑 1、紡輪 1	/
440	什邡城關	M66	11	74°	3.90*3.50-0.40	矛 1、鉞 2、鏃 1、鐏 1、算格 1	圜底罐 4、豆 7、算 1	漆盤 1
441	什邡城關	M67	11	72°	3.75*2.00-0.45	戈 1、鉞 1	圜底罐、豆 6、釜 1、平底罐 1、甕 4、缽 1	鐵鍪 1、漆盤 1、漆奩 1、木幾 1、木勺 1、木杖形器 1、木蓋形器 1、木板形器 1、木竹節形器 1、獸骨 1、桃核 1
442	什邡城關	M68	8	70°	殘 3.90*1.00-0.35	矛 1	圜底罐 2、釜 1	/
443	什邡城關	M69	7	65°	殘 4.7*0.95-0.50	矛 1、劍 2、帶鉤 2	尖底盞 1、釜 6	桃核 1
444	什邡城關	M70	7	85°	4.75*0.70-0.30	矛 2、劍 1	器蓋 1	/
445	什邡城關	M71	7	85°	殘 2.75*0.55-0.20	/	豆 3	/
446	什邡城關	M72	7	85°	5.65*0.70-0.30	鍪 1、矛 3、劍 1、戈 1、鉞 1	/	/
447	什邡城關	M74-A	8	75°	5.20*1.06-0.25	矛 1、劍 2	尖底盞 1、豆 6、平底罐 1、器蓋 1、陀螺飾 1	/
448	什邡城關	M74-B	8	75°	5.20*0.90-0.30	敦 1、矛 1、劍 3、戈 3、鉞 1、斤 2、鑿 2、雕刀 1、刻刀 1	尖底盞 3、平底罐 2、圜底罐 1、器蓋 2	/
449	什邡城關	M76	8	75°	6.15*5.50-0.40	矛 1、戈 1、鉞 1	圜底罐 1	獸骨 2

450	什邡城關	M77	11	350°	殘 3.60*2.00-0.50	帶鉤 1、錢幣 4	圓底罐 3、豆 2	鐵器 2、漆盤 1、漆盒 1
451	什邡城關	M79	9	118°	5.90*1.00-0.30	三足盆 1、矛 1、戈 2 斤 1	豆 9、釜 3、釜甑 1	/
452	什邡城關	M81	9	50°	3.65*1.54-0.20	削 1、鈴 1	釜甑 1	鐵器 1
453	什邡城關	M82	8	60°	殘 6.00*1.15-0.20	矛 1、雕刀 1	圓底罐 1、豆 1、釜 2	/
454	什邡城關	M83	8	240°	4.10*2.25-0.30	矛 1	圓底罐 2、豆 1、釜 4、釜甑 1、平底罐 3、尖底盞 1	
455	什邡城關	M84	11	147°	3.20*1.70-0.20	帶鉤 1、鏡 1、錢幣 4	豆 3、釜 3、甕 3	漆盒 1
456	什邡城關	M85	11	175°	3.30*1.90-0.20	劍 1、鉞 1、錢幣 1	圓底罐 2、豆 1、釜 1、釜甑 1、甕 2	鐵犁 1、獸牙 1
457	什邡城關	M87	8	110°	7.20*1.45-0.30	鋸 1、帶鉤 1、	圓底罐 2	殘漆器 1
458	什邡城關	M88	7	260°	殘 3.60*1.12-0.36	劍 2、鉞 1、戈 1	尖底盞 5、平底罐 1、器蓋 1	/
459	什邡城關	M89	7	80°	5.46*1.15-0.40	鍪 1	尖底盞 2、平底罐 2、圓底罐 1、器蓋 1、缶 1	/
460	什邡城關	M90-1	8	260°	6.40*0.75-0.35	鍪 1、矛 8、劍 4、戈 4、鉞 1、刀 1、斤 1、鑿 2、雕刀 1、刻刀 1、鋸片 1	尖底盞 2、圓底罐 3、器蓋 2	漆木器 2
461	什邡城關	M90-2	8	260°	4.95*0.80-0.35	鍪 1、鍪耳 1、矛 2、劍 2、戈 3、鉞 1	平底罐 2、圓底罐 1、缶 1	/
462	什邡城關	M90-3	8	260°	殘 3.70*0.92-0.35	/	圓底罐 2、釜 1、缽 1	/
463	什邡城關	M91	8	85°	殘 4.95*0.80-0.40	矛 2、劍 2、戈 2、鉞 1、斤 1、削 1	圓底罐 4	漆矛柲 1
464	什邡城關	M92-1	8	85°	殘 4.38*0.60-0.30	劍 1、鉞 1	釜 1	/
465	什邡城關	M92-2	8	85°	4.15*0.80-0.40	矛 1	圓底罐 1、釜 1、器蓋	/

466	什邡城關	M93	9	10°	3.50*1.15-0.35	鍪1、釜1、矛3、劍1、鉞1、削1	圜底罐5、豆4、釜1、釜甑1	鐵錛1
467	什邡城關	M94	10	90°	殘4.20*1.60-0.40	鍪1、鏃1	圜底罐1、豆8、釜1	/
468	什邡城關	M95	10	100°	殘5.00*2.20-0.30	釜1、鍪1、盆1、矛1、劍1、戈1、鉞1、削1、鈴3、璜4、印章1	圜底罐4、豆12、釜甑1	/
469	什邡城關	M96	N/A	97°	4.90*2.00-0.56	/	/	/
470	什邡城關	M97	10	75°	殘3.40*1.60-0.30	/	圜底罐5、豆2、釜1	/
471	什邡城關	M98	10	95°	4.30*1.80-0.40	盆1、釜1、鍪1、矛1、鉞1、鈴1	圜底罐6、豆12、釜甑1	
472	什邡城關	M99	10	85°	5.13*2.12-0.27	矛1、劍1、戈1、鉞1、削1、鈴2、錢幣1	豆5、釜1、釜甑1	料珠1
473	什邡城關	M100	8	80°	4.80*1.30-0.25	盆1、矛3、戈2、鏃3	圜底罐3、豆4	/
474	什邡城關	M101	8	85°	6.60*1.20-0.25	矛3、劍2、戈1、鉞2、削1、帶鉤2	釜2	漆盒1、漆皮1
475	什邡城關	M103	11	35°	4.00*1.90-0.30	劍2、鈴1、帶鉤1、印章2、錢幣3	圜底罐2、豆1、釜1、釜甑1	漆盤2
476	廣漢二龍崗	M37	9	345°	4.30*2.10-0.45	/	鼎2、壺2、盒2、圜底罐2、甕1、豆6、蓋1、丸1	/
477	三星堆青關山	M31	8	160°	4.26*0.94-0.46	斤1	釜3、圜底罐1、器蓋1	/
478	三星堆青關山	M32	8	140°	3.84*0.60-0.40		釜3、高領平底罐1、矮領平底罐1、器蓋1	
479	三星堆青關山	M33	8	145°	4.90*0.70-0.44	鉞1、削1	釜3、圜底罐1、器蓋1	/
480	三星堆青關山	M34	8	140°	3.72*0.60-0.40	/	/	/

481	大邑五龍	M1	9	30°	N／A	矛1、劍1、鉞1、斤1	壺1、盒1	／
482	大邑五龍	M2	9	30°	4.30*0.90-2.05	鍪2、釜甑1、矛1、劍4、鉞3、戈2、弩機1、鐏1、斤2、帶鉤1、鈴1	釜4、鼎3、豆1	／
483	大邑五龍	M3	9	8°	5.90*0.84-0.90	鍪、鏃2、矛1、劍1、鉞1、斤1	釜3、圜底罐3、鼎1、甕1、釜甑1、豆5、罐2	礪石1、鐵削1
484	大邑五龍	M4	9	3°	9.00*4.16-1.09	矛1、刻刀1	鉢12、器蓋18、釜1、鼎1、甕1	石印章1、金珠1、漆器
485	大邑五龍	M18	9	340°	3.94*1.76-1.03	鍪1、盤1、劍1、戈1、胄1、印章1、橋形飾2、半兩1	豆9、罐12、釜3、盆2、壺1	鐵斧1、鐵鐮1
486	大邑五龍	M19	10	340°	3.70*1.90-1.04	釜1、釜甑1、盤1、量1、矛2、戈1、劍3、鐏2、弩機1、帶鉤3、印章1、鈴1	釜6、罐9、豆3、盆3、器蓋1	鐵劍1、鐵削2、鐵鐮2、鐵三足架1
487	蒲江東北公社	M1	9	235°	7.84*1.34-2.31	鑿1、錢2	罐4、器蓋1、豆1	／
488	蒲江東北公社	M2	9	237°	殘8.02*2.86-2.02	削3、印章1	豆15、罐18、器蓋8	漆器1
489	蒲江朝陽鄉	M1	9	N／A	N／A	鍋1、釜1、鉞1、匙1、鋸1	／	蒲席1
490	蒲江飛龍村	98M1	9	70°	5.86*1.94-1.43	鐏1、帶鉤1、劍首1、印章3、銅錢20	釜2、罐7、大口平底罐1、小口圜底罐6、豆4	木案1、木梳2、木柲3、竹器6、鐵器1
491	蒲江飛龍村	06M1	9	60°	8.01*2.35-2.30	釜1、戈1、矛1、胄頂1、削2、銅鑾鈴1、銅印章1、銅璜2、半兩錢13	圜底罐4、豆4、釜6、釜甑1、壺1、鍪1、紡輪1、鼻塞1	玉璧1、木案3、漆盒3、漆盤1、木器座4、木船槳1、木構件11、木矛柲9、竹片、竹編器1、木梳4

492	蒲江飛龍村	06M2	9	60°	8.24*2.32-2.16	尊缶1、鍪1、釜1、洗1、敦1、勺1、削1、鑿1	圜底罐5、釜6、深腹豆3、高柄豆7	木矛柲4、竹片1
493	蒲江飛龍村	06M3	9	20°	殘1.85*0.74-0.80	劍2、鉞1、弩機1、戈1、斤1	/	木矛柲1
494	蒲江飛龍村	06M4	9	23°	殘2.20*0.74-0.20	鍪1、斤1、豆1	/	/
495	蒲江飛龍村	06M5	9	30°	6.75*1.40-1.27	斤1、壺蓋1、印章1	圜底罐2、釜1、深腹豆4、淺盤高柄豆1	/